지방소멸, 세계를 가다

지방소멸, 세계를 가다

최인숙 지음

다락방

책을 펴내며

지방소멸, 숙명론이 아니다

문명의 발전은 누구를 위한 것인가? 지난 반세기 우리는 물불 안 가리고 개발에 매진해 왔다. 그 결과 회복 불가능한 위기에 봉착하고 있다. 그 중 하나가 '지방소멸'의 문제이다. 도시 일변도의 개발은 농촌 인구를 과도하게 도시로 이동시키는 기현상을 빚으면서 지방과 수도권은 불균형 상태에 놓이게 되었다.

농업의 기계화는 농촌 인력을 도시로 내몰았다. 소규모 가족 농장이 대규모 전문 농장으로 바뀌면서 도시 집중은 더욱 두드러졌다. 운송 및 이동 수단의 발달도 농촌 인구의 감소에 악영향을 끼쳤다. 편리하고 효율적인 도로와 철도망 건설 덕분에 사람들은 도심으로 쉽게 이동할 수 있었고, 그 결과 시골에서 멀어지게 만들었다. 대도시는 농촌 지역에서 감히 상상할 수 없는 경제적, 문화적 기회를 독점하는 매력적인 허브가 되었다.

농촌 주민들은 더 나은 소득을 얻기 위하여 자신의 땅을 버리고 도시로 떠나갔다. 이는 대단위 도시 형성에 기여하였고, 농촌의 과소화를 촉진하였다. 도로, 철도, 병원, 학교에 대한 대규모 투자는 인구밀도가 높은 곳으로 흘러 도시 집중화를 더욱 강화하였다. 이는 도시에 더 많은 서비스와 기회를 부여한 반면, 농촌 지역은 뒷전으로 밀려나게 만들었다.

수도권과 지방의 지나친 양극화는 한 국가의 미래에 먹구름을 드리운다. 그러므로 반드시 조정하여야 할 문제이지만 우리는 그 방책을 찾을 의지가 없어 보인다. 장기적인 플랜과 패러다임의 전환이 있어야 가능한 일인데 미봉책으로 자꾸 땜질만 하고 있다. 이 문제는 농촌발전기금을 뿌려댄다고 해결될 일이 절대 아니건만 순진하게도 경제적 인센티브로 타개할 수 있다고 믿고 있다. 이렇게 안이하니 '지방소멸'을 외치면서 지방소멸을 부추기는 정책들만 내놓고 있는 것이다. 선거 때마다 수도권에 SRT나 GTX, 그리고 대형 쇼핑몰이나 종합병원 신설 등의 선심성 공약을 외쳐대는 것도 그 방증이다.

물론 프랑스나 스위스, 스웨덴과 같은 유럽권 국가도 농산간 지역의 황폐화를 피할 수 없는 것은 마찬가지이다. 청년들이 일자리를 찾아 도시로 이동하면서 공공시설이 축소되거나 폐지되어 농촌의 공백화는 더욱 가속화되고 있다. 중산간 지대의 인구가 감소되면서 빵집도, 슈퍼마켓도, 신문 판매대도 없어지고 있다. 이러한 편의 시설이 어느 지역에서는 매년 300곳 정도 문을 닫고 있을 정도이다.

특히 프랑스는 지방의 '공백'에 대한 우려가 19세기 말부터 시작되었다. 그러나 1970년대부터 지리학자들은 농촌 저밀도에 대한 경고와 경멸적인 담론에 완강히 반대해 왔다. 학교 지리학에 한 때 등장하였던 '공백의 대각선'*이라는 표현도 오늘날 지리학자들에 의하여 폐기되고 있다. 게다가 최근 20년간 도시 인구가 농촌으로 이동하는 '도시탈출' 현상이 일고 있다.

국영방송 〈프랑스 2TV〉에 따르면 농촌 지역의 인구가 감소하고 있다는 생각은 일반적인 오해이다. 1960~70년대에는 농촌 인구가 급감하였다. 그러나 2000년대 들어서면서 이 추세는 완전히 역전되어 농촌 인구의 증가율은 도시 인구의 증가율을 앞지르고 있다.

이는 프랑스가 도시와 농촌을 이항 헤게모니가 아닌 동맹관계

---

* 프랑스에서 인구밀도가 가장 낮은 곳을 일컫는다. 자세한 내용은 본문 30쪽 참고.

로 전환시키려 노력한 결과이다. 그들은 새로운 생산 방식과 지속 가능한 소비를 촉진할 수 있는 기회의 농촌을 만들기 위하여 부단히 노력하였다.

　반면에 우리는 도시와 농촌을 이러한 관점에서 시정하기 보다 지방소멸이 전 세계적인 현상인 것처럼 단정 짓는 경향이 크다. 이에 필자는 여러 질문을 제기해 보았다.
　지방이 소멸된다고? 여기서 말하는 지방은 도대체 어떤 규모의 지방을 말하는 것일까? 지방은 분명 면 단위보다는 큰 규모일텐데, 그렇다면 한국의 어느 지방이 소멸한다는 것인가?
　인구 2,000만 명이었던 1960년도, 한국에는 현재의 지방이 그대로 존재했었다. 그렇다면 인구 2,000만 명으로 회귀된다고 예상되는 2100년에도 지금의 지방은 그대로 존재할 것이 아닌가? 그런데 왜 지방소멸이라는 용어를 이토록 남발하면서 적절한 대안은 마련하지 못하고 있는 것일까?

　'지방소멸'이란 용어는 일본에서 맨 처음 정치적으로 사용하기 시작하였다. 이를 한국이 받아들여 보편화 하기에 이르렀다. 그러나 이 용어는 프랑스를 비롯한 유럽권 국가와 캐나다, 미국 등 북아메리카 국가에서는 좀처럼 찾아보기 어렵다.
　지방의 축소 문제를 둘러싸고 이처럼 서구와 한국은 매우 큰 차이를 보이고 있다. 이 원인이 무엇인지 필자는 무척 궁금하여 다른 나라의 사례를 찾아보기로 하였다.

 다른 국가들도 우리처럼 지방소멸을 숙명처럼 받아들이고 기정사실화 하고 있는 것일까?
 다른 나라의 인구감소 현상과 지방 축소 문제는 우리와 어떤 차이를 보이는 것일까?
 다른 나라들은 지방 축소 문제에 직면하여 어떤 대책을 마련하고 있는가?

 이 책이 한국의 '지방소멸' 문제를 제대로 직시하고 보다 현실적이고 지속가능한 대책을 세우는 데 유용하게 쓰였으면 하는 바람이다.

2025년 4월

최인숙

차 례

책을 펴내며 · 3

● **지방소멸에 대한 문제 제기**
  지방소멸이란 용어의 문제점 · 16
  '지방소멸', 모든 나라의 공통된 문제? · 19

● **프랑스**
  '마을의 종말' 용어도 허용 않는 프랑스 · 24
  지방 강화의 선봉장 미테랑 대통령 · 27
  영토 불평등에 대항한 노란조끼운동 · 33
  지자체와 시민의 힘으로 부활하는 지방 · 39

● **스위스**
  인프라 구축으로 농촌 활성화 박차 · 48
  마을 구출에 발 벗고 나선 주민들 · 54

- **스페인**

    텅 비어가는 농촌, 시민의 힘으로 대반전 • 62

    지역 정당 창당 붐 • 68

    데사피오(도전), 농촌 에라스뮈스! • 75

- **포르투갈**

    인구 위기에 대응한 '레그레사' 정책 • 82

    이민자와 난민 수용으로 인구감소 돌파 • 89

    시골 정착 지원금 • 95

- **이탈리아**

    저출산으로 벼랑에 몰린 이탈리아 • 102

    텅 비어가는 남부 지방 • 107

    인구 유치 경쟁에 나선 지자체들 • 112

- 아일랜드

  증가하는 인구와 동·서 격차 • 118

  지나친 개발로 파괴된 농촌 복원 • 125

  탈중앙화 바람 • 132

- 미국

  '당근정책'으로 도·농 격차 완화 • 138

  기술 인재 유치에 파격 인센티브 • 144

  원격 근무자, 보조금으로 유인 • 148

- 캐나다

  지역 가치 발견 인문학 프로그램 개발 • 154

  녹지에 집 지어도 좋다! • 158

  이민자 지명, 신청 3개월 안에 처리 • 165

- 일본

  관광자원 개발로 외국인 투자 유치 • 172

  자주보육으로 출생율 최고 기록 • 180

청년이 청년을 부르는 원격 근무 • 186
고향납세제, 약인가 독인가? • 193
답례품에 따른 고향납세 기부액 편차 • 198
고향납세제가 나아가야 할 방향 • 206

• 베트남

도·농 균형발전을 위한 신농촌운동 • 214
공동체 정신으로 농촌 강화에 성공한 마을들 • 221
대중조직으로 신농촌 건설 • 230

• 타이완

이민 수용으로 인구절벽 돌파 • 238
마을 살리기에 앞장선 노인들 • 243

책을 나가며 • 250

지방소멸에 대한 문제 제기

지방소멸, 세계를 가다

지방소멸이란 용어의 문제점

　지방의 인구감소가 진행되면서 우리는 '소멸'이라는 용어를 자주 사용한다. 하지만 유럽에서는 이 단어를 찾아보기 어렵다. 프랑스에는 '지방소멸'이란 용어 자체가 존재하지 않는다. 이 나라에서는 우리와 달리 지역의 '사막화(désertification)', '변방화(périphérique)'라는 용어를 주로 사용한다. 20여 년 전부터 프랑스의 일부 지리학자들은 인구감소로 진행되는 지방의 과소화 문제를 체계적으로 연구하면서 영토의 '사막화(désertification)'라는 용어를 학문적으로 사용하기 시작하였다.

　반면에 우리가 사용하고 있는 '지방소멸(地方消滅)'이란 용어는 일본에서 사용하기 시작한 것이다. 이와테현(岩手県) 3선 지사를 역임

하고 총무대신을 지낸 마스다 히로야(增田 寬也)는 2014년 〈中央公論〉에 '괴사할 지방도시'라는 글을 발표하였다. 이를 2015년 책으로 출판하면서 '괴사' 대신 좀 덜 과격한 '지방소멸'이란 용어로 책 제목을 뽑았다. 하지만 이 용어 사용에 유감을 드러내는 사람이 많다.

이마무라 쯔나오 교수는 '괴사'를 '지방소멸'로 바꾸어도 강한 위화감은 여전히 남는다고 비판하였다. 게다가 히로야가 사용한 지방소멸 지표인 20~39세의 '가임기 여성인구 비율'을 사용한 것은 너무 설득력이 없다고 비판하였다.

도야마대학 히데토모 오야이즈(小柳津 英知) 교수 역시 대도시권으로의 인구 유출이 멈추지 않는다는 전제하에 '소멸 가능성 도시'의 수를 추계하고 그것을 확정적인 것처럼 주장하는 히로야의 말은 억지스럽다고 평가하였다.

따라서 학문적으로 아직 개념이 정립되지 않은 '지방소멸'이라는 용어 대신 지방의 인구감소나 도시 유출, 그리고 고령화로 위기에 놓인 지역문제를 논할 때 '지방소멸'보다는 지방의 '과소화'라는 용어를 사용하는 것이 더 타당하다고 본다.

하지만 한국과 유럽의 '과소' 개념은 완전히 같지는 않다. 예를 들면 우리가 사용하는 '과소'에 부합하는 프랑스어를 찾기란 그리 쉽지 않다. 굳이 찾자면 '인구감소'를 의미하는 'Dépeuplement'

과 'Dépopulation'이라는 용어 정도이며 프랑스에서는 이 단어들이 자주 사용된다.

한국이나 일본에서 과소화 문제는 65세 이상 고령자가 지역의 과반을 넘어 공동체가 잘 기능하지 못하게 되는 위기의식 속에 논의되곤 한다. 프랑스도 과소와 관련된 연구는 과소의 문제 그 자체라기보다는 농산촌과 관련된 다른 논의 속에서 보완적으로 이루어지고 있다. 이는 크게 두 가지로 요약된다.

첫째, 인구 이동으로 발생하는 지역적 차이나 영토 불평등 속에서 야기되는 과소에 대한 논의이고,

둘째, 조건 불리지역인 '공백의 대각선' 지역의 구조적인 문제로 발생되고 있는 과소에 대한 논의이다.

'지방소멸', 모든 나라의 공통된 문제?

인구 이동과 출생률 감소가 맞물려 지방의 과소화가 빠르게 진행되고 있다. 이는 한국에서만 일어나는 현상은 아니다. 다른 나라도 비슷한 실정이다. 매년 유럽연합 내에서 버려지는 농경지는 100만 헥타르에 달한다. 이는 1만 ㎢의 스위스 불어권 지역 크기이다. 버려진 논밭, 황폐화된 목장, 쓰러져가는 촌락, 이삼십 명의 노인들만 살고 있는 큰 마을들, 이제 구대륙의 인구는 우주 팽창의 시대를 넘어 새로운 국면을 맞고 있다.

지난 60여 년 동안 유럽연합 국가들의 출산율은 급감하였다. 1950년 여성 1인당 2.8명이던 출산율은 1975년경에는 인구 자연갱생의 문턱인 2.1명 아래로 떨어졌다. 이는 2019년에 1.53명으로 다시 감소하였다.

　유럽연합의 일부 국가는 이민자를 유치하여 이 위기를 돌파하고 있지만, 그렇지 못한 국가들도 있다. 특히 산간지대에 위치한 외곽지역은 더욱 문제이다. 유럽의 전체 인구는 지난 반세기 동안 33% 증가하였다. 그러나 도시 인구는 이보다 2배 더 증가하여 78%를 기록하였다. 2000년대 초, 인구 통계학자들은 '축소하는 지역'을 영어 단어 'shrinking'을 사용하여 나타내기도 하였다. 오랫동안 인간에 의하여점유 되었던 많은 공간이 오늘날 축소되고 있다. 이는 핀란드와 스웨덴, 피레네산맥, 스페인 북서부와 포르투갈, 이탈리아의 아펜닌(Apennins), 스위스 알프스 산간 지역에서 더욱 뚜렷하다.

　프랑스의 경우 이 현상은 공백의 대각선(Diagonal du vide) 지역에서 두드러진다. 특히 공백의 대각선 남서쪽에 자리하고 있는 마시프 상트랄(Massif Central) 지역이 가장 심각하다.
　지리학자 클로드 그라슬랑(Claude Grasland)에 의하면 인구감소는 두 가지 요인에 의하여강화된다.
　첫째, 경제적 요인으로, 인구가 적다는 것은 민간 서비스가 적고 부자들의 숫자가 적다는 것을 의미한다. 따라서 세수가 적고 공공 서비스도 적어 인구감소를 더욱 가속화 한다.

둘째, 인구통계학적 요인으로, 인구가 적다는 것은 노동자 숫자가 적은 것을 의미한다. 따라서 출산 가능한 젊은이가 적고 이는 결국 출생률 저하로 이어진다.

이러한 사태에 직면하여 프랑스에서는 지난 수십 년 동안 많은 노력을 통하여 인구감소를 막아왔다. 그럼에도 불구하고 일부 지역의 인구감소는 여전히 막지 못하고 있다. 특히 기초자치단체인 작은 농촌 코뮌들(communes)의 일부는 소멸 위기에 놓여있다.

지방소멸, 세계를 가다

프랑스

'마을의 종말' 용어도 허용 않는 프랑스

프랑스에서는 인구감소로 읍·면 단위의 통폐합이 이루어지고 있다. 1990년대 약 3만 6,000개였던 코뮌(Commune) 수가 2016년에는 3만 5,885개로, 2020년에는 3만 4,968개로 대폭 감소하였다. 이러한 상황 때문에 마을의 종말론이 솔솔 등장하였다. 사회학자 장 피에르 르 고프(Jean-Pierre Le Goff)는 지난 2012년 『마을의 종말(La Fin du village)』이라는 책을 출판하였다. 이 책에서 "프랑스에서 마을은 더 이상 존재하지 않게 될지도 모른다"는 충격적인 말을 하였다.

그러나 '마을의 종말'은 르 고프가 간단히 입에 담은 용어가 아니라 30년간의 연구 결과 끝에 내놓은 얘기이다. 그가 이 주제를

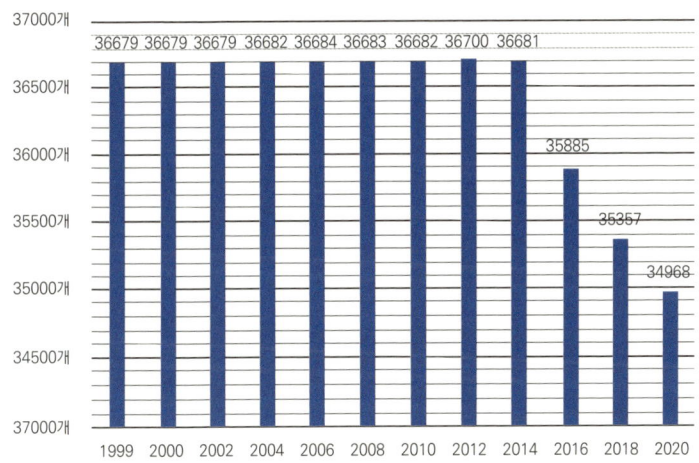

〈최근 20년간 프랑스 코뮌 수의 변화〉

출처 : INSEE(프랑스 국립통계경제연구소)

연구하기 시작한 것은 1983년부터이다. 그해 그는 남프랑스에 위치한 프로방스 보클뤼즈지역 카드네(Cadenet) 마을의 사례를 연구하기 위하여 그곳에 갔다. 그는 이후 5년간 이 마을의 주민들과 식사도 하고 축제를 즐기며 공동체 안으로 들어가 카드네를 관찰하고 연구하였다.

제2차 세계대전 이후 이 코뮌에서 발행된 회보를 검토하고 주민들과 100여 차례의 인터뷰도 가졌다. 이 자료들과 각종 통계자료를 섞어 인류학적 관점에서 종합 분석하여 내놓은 결과물이 『마을의 종말』이다. 이처럼 치밀한 연구 끝에 탄생한 책이건만 책

제목은 프랑스인들의 심기를 매우 불편하게 하였다.

기자가 그에게 물었다. "선생님, 당신의 책 제목은 『마을의 종말』입니다. 하지만 마을은 여전히 물리적으로 존재합니다. 그런데 '종말'이란 단어를 사용한 이유는 도대체 무엇입니까?" 이 질문을 받은 르 고프는 자신의 연구가 물리적으로 사라지는 마을을 의미하는 것이 아니고 마을 공동체의 전통적인 가치와 문화가 사라지는 것을 말한다고 설명하였다.

이처럼 유럽에서는 지방소멸에 대한 논의가 한국과는 매우 다른 방향으로 진행되고 있다. 유럽의 경우 지방의 인구감소와 마을 공동체의 변화에 초점을 맞추고, 그에 따른 사회적 영향과 문화적 변화를 논의하는 것이 주된 관심사다. 이러한 논의는 지역사회의 변화를 보다 정밀하게 분석하고 이해하는 데 도움이 된다.

한국에서도 '지방소멸'이라는 과격한 단어를 사용하기보다는 지역공동체의 변화와 인구 이동에 논의의 초점을 맞추어 지방의 발전과 삶의 질 향상을 위한 정책과 전략을 수립하려는 열린 시각을 가져야 한다. 그렇게 될 때 지방소멸에 대한 토론이 더 건설적이고 현실적인 방향으로 흘러갈 수 있을 것이다.

지방 강화의 선봉장 미테랑 대통령

　정치인과 고향, 정치인과 지역은 떼려야 뗄 수 없는 불가분의 관계다. 이 현상은 무엇보다 선거 관할구역에서 기인한다. 프랑스의 경우 이는 제3공화국 이후 형성된 국가 정체성의 필수적인 부분으로 작용하였다. '작은 고장'을 중시하는 것은 프랑스 문화의 크나큰 힘이었다. 산골 사람들 중심으로 뭉친 자코뱅파부터 지방과 '시골 프랑스'에 그 어떤 인물을 대비시키는 것은 매우 자연스러운 일이었다.

　프랑수아 미테랑 대통령의 경우도 그러하였다. 그와 부르고뉴의 관계는 바늘과 실처럼 따라 다닌다. 그러나 이 관계는 단순히 정치적인 측면을 넘어 사회·문화적, 미적 분야로까지 확대된다.

미테랑은 산천의 풍경들을 좋아하였다. '시골(province)'에 대한 그의 애착은 공공생활뿐만 아니라 사생활에도 잘 드러나 있다. 이와 같은 그의 영토 사랑은 국가 개혁이라는 거대한 정책으로 나타났다.

미테랑이 부르고뉴에 도착한 건 1946년 6월이었다. 그해 봄 서른 살의 나이로 제헌국회의원 선거에 뛰어든 그는 이미 한차례 수도권의 센느(Seine) 지역에서 고배를 마셨다. 그러나 당은 선거 후유증에서 벗어나지도 못한 그에게 11월에 치러질 하원의원 선거에 출마할 것을 요구하였다. 그가 받은 지역구는 프랑스에서 인구

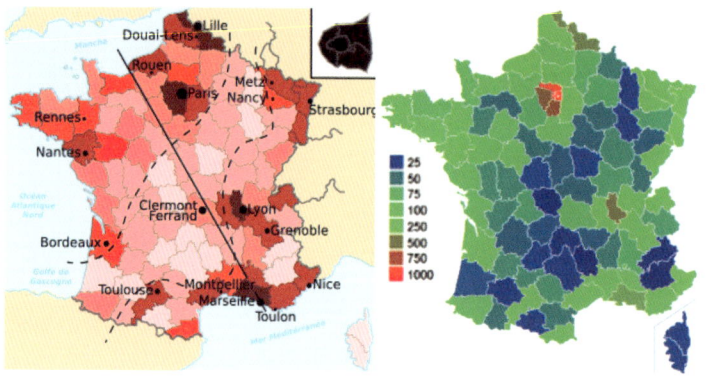

〈프랑스 공백의 대각선 지역과 인구밀도〉

Cf : 왼쪽 지도 두 개의 점선 안이 공백의 대각선. Metz-Nancy에서 아래로 내려와 분홍색의 지역이 니에브르이다. 오른쪽 지도는 공백의 대각선 인구밀도를 프랑스 전체와 비교한 것이다. 니에브르는 인구밀도가 가장 낮은 산악지대이다(출처: 위키피디아).

밀도가 가장 낮은 공백의 대각선(Diagonal du vide)에 위치한 부르고뉴 니에브르(Nièvre)였다.

미테랑은 임신한 아내를 데리고 깡촌인 그 지역 모르방(Morvan)에 도착하였다. 그들은 자동차 안이나 간선도로에서 잠을 자며 선거운동에 총력을 기울였다. 이에 감동한 주민들은 차츰 마음을 열고 이 부부를 가족처럼 대해줬고 서로 끈끈한 유대관계를 맺었다. 그때부터 미테랑은 이 고장을 자기의 분신으로 삼고 주민들과 공감하고 이해하려고 힘을 쏟았다.

사실 니에브르는 미테랑의 연고지가 아니었다. 다만 그곳엔 처남 로제 구즈(Roger Gouze)가 살고 있었다. 구즈는 미테랑이 도착하자 그를 데리고 솔뤼트레(Solutré) 바위 꼭대기로 올라갔다. 부르고뉴 지역을 한눈에 간파해 보라는 신호였다. 정상에 올라 마을을 둘러본 미테랑은 매년 그곳에 갈 것을 약속하였다. 이 약속은 지켜졌고, 매년 오순절이면 그는 마을사람들과 함께 이 바위에 올랐다. 미테랑은 차츰 부르고뉴의 매력에 빠졌고 이 지역을 깊이 사랑하게 되었다. 이는 니에브르를 선거구의 개념인 영토(territoires)나 지방(regions)으로 본 것이 아니라, 땅을 기반으로 한 시골(Province)로 보고 그에 대한 애착을 보인 것이었다.

미테랑은 1975년 출판한 저서 『밀짚과 알곡(La paille et le grain)』에서 "인간이 살고 있는 땅과 인간사회의 관계를 본능적으로 알기 위하여서는 지방에서 태어나야 한다."고 말하였다. 프랑스의 19세기 말 정치인이자 작가였던 모리스 바레스(Maurice Barrès)의 영향을 크게 받은 미테랑은 글이나 연설, 인터뷰에서 땅에 집착하는 모습을 보였다.

이 시골 풍경을 보느라 그는 지역 회의에 자주 늦고는 하였다. 목적지를 향해 달리는 운전사에게 그는 시골 풍경을 볼 수 있도록 차를 천천히 몰아 달라고 부탁하곤 하였다. 어느 날 회의가 끝나고 니에브르의 샤토-시농으로 돌아가던 중, 그는 모르방의 풍경을 배경으로 한 세르마주(Sermages)의 종탑을 보았고 그 풍경에 사로잡혔다.

이 풍경은 1981년 2월 미테랑 대통령 후보의 선거 포스터로 탈바꿈하였다. 이 포스터는 프랑스 선거 역사상 가장 유명하다. 220명의 주민이 살고 있는 시골 마을 세르마주와 성당, 그리고 종탑을 배경으로 한 미테랑의 얼굴. 그 위에 박혀 있는 '고요한 힘(La Force tranquille)'이라는 슬로건. 이 포스터가 붙었을 때 프랑스의 36,000개 코뮌 시골 사람들은 가슴이 뭉클하였다.

미테랑은 마침내 대통령 선거에서 지스카르 데스탱을 물리쳤다. 그 원동력은 이 고요한 힘의 영향이 컸다. 그래서였을까? 권좌에 오른 미테랑은 부르고뉴를 한시도 잊지 않았다. 전나무와 자작나무가 흩어져 있는 부르고뉴의 울창한 숲과 화강암으로 뒤덮인 루아르 계곡을 특히 좋아하였다.

그는 이곳에서 35년간 동고동락했던 친구들과 의원들, 심지어 무명의 주민들까지 일일이 잊지 않고 챙겼다. 시골 귀족보다 작은 논밭을 가꾸는 농부들이 미테랑을 더 신뢰하고 좋아하였다.

미테랑 대통령은 해외순방 때마다 니에브르 모르방의 친구들 주소 목록을 가지고 가서 그들에게 꼭 엽서를 보냈다. 모르방에는 그가 직접 골라 쓴 엽서들, 전 세계에서 발송된 미테랑의 많은 엽서가 '카탈로그'로 전시되고 있다.

이렇게 깊은 미테랑의 시골 사랑은 수도권에 밀려 위축되어 가는 지방을 살리기 위한 횃불로 타올랐다. 1981년 5월 대통령에 취임한 그는 가장 먼저 '드페르 법(lois Defferre)'을 제정하고 지방 강화에 들어갔다. 이 법은 프랑스 최초의 지방분권법으로 그 당시 내무부·지방분권장관 가스통 드페르(Gaston Defferre)의 이름을 딴 것이다.

이 법으로 인해 전체 예산의 13%이던 지방정부 예산이 22%까지 증가하였다. 지방 고용 창출 역시 전체 고용 창출의 20%에서 33%로 증가하였다. 1982년 이전에는 전체 투자의 16%에 불과하던 지방정부의 투자도 26%까지 증가하였다(출처: 프랑스 정부

통계www.gouvernement.fr). 이는 프랑스 대혁명 이후 전무후무한 일이었다.

 미테랑의 시골 사랑은 이처럼 획기적인 변화로 이끌었다. 우리 정치인들도 황폐화되어 가는 지방을 선거구로만 바라보기보다는 미테랑처럼 애정을 가지고 고민한다면 지금보다 더 좋은 지방 강화 해법을 내놓을 수 있을 것이다.

영토 불평등에 대항한 노란조끼운동

우리가 사는 세상은 둘로 나뉘어 있다. 높은 곳과 낮은 곳. 전자는 대도시이고 후자는 지방 변방이다. 이 대항관계는 오늘의 문제가 아니다. 그리고 한국만의 문제도 아니다. 일찍이 지리학자 장 프랑수아 그라비에(Jean-François Gravier)는 『파리와 프랑스 사막(Paris et le désert français, 1974)』이라는 책을 써서 프랑스의 영토 균열 문제를 고발하였다.

나날이 살쪄가는 수도권과 깡말라가는 지방. 이 양극화를 해결하기 위하여 프랑스에서는 사회당 정치인 프랑수아 미테랑이 칼을 빼들었다. 1981년 대선에서 승리한 그는 곧바로 지방분권의 '1막'을 열고 지방 강화의 페달을 밟았다. 그 바통을 공화당 정권

이 받아 '2막'으로 연장하였다.

2002년 하원의원 선거 캠페인에서 장 피에르 라파랭(Jean-Pierre Raffarin) 수상은 '프랑스의 낮은 곳(la France d'en bas)'이라는 금기어를 꺼내 파문을 일으켰다. 프랑스 국립행정학교(ENA) 출신이 아닌 라파랭은 자기와 같은 계층을 대변하기 위하여 파리 엘리트 계층에게 일침을 가하였다. 이는 상당한 반향을 일으켰다. 하지만 이 용어는 밀레니엄 시대의 신조어가 결코 아니었다.

이 용어는 19세기 초 이미 발자크가 사용하였다. '인간 희극'에서 발자크는 젊은 뤼시앙 뤼방프레(Lucien Rubempré)의 시련과 희망, 그리고 환멸을 그려냈다. 시인 지망생인 뤼방프레는 샤랑트의 수도 앙굴렘의 변방을 방황하고 있었다.

앙굴렘의 두 번째 도시 루모(L'Houmeau)는 산업화로 부유해졌다. 그러나 정부와 주교구, 시법부, 귀족계급이 사는 높은 도시를 시기한다. 이처럼 루모는 활동적이고 증가하는 힘에도 불구하고 앙굴렘의 부속도시에 불과하였다. 위는 귀족과 권력, 아래는 상업과 돈. 이 두 개의 사회구역이 곳곳에서 끊임없이 대항하고 있다고 보았다.

'위'와 '아래'의 이분법. 이는 20세기 초 우파 민족주의 작가들에게 적지 않은 영감을 줬다. 모라스(Charles Maurras)는 '실제 국가'와 대비해 '법적 국가'를 이론화하였고, 바레스(Maurice Barrès)는 '영령이 숨 쉬는 나라'와 '죽은 자들의 나라'를 대비시켰다. 지로두(Jean Giraudoux) 역시 '엘리트'를 '민중'의 적으로 공격하였다. 페기(Charles Péguy)는 '수평'과 '수직'으로 대조시켰다.

이 선배들로부터 영감을 얻은 라파랑은 '프랑스의 낮은 곳'이라는 말로 소외된 지방 문제를 선거 밥상에 올렸다. 프랑스의 지리적 불평등을 더 이상 두고 볼 수 없다는 의지였다. 프랑스 남서부의 농촌 지역 비엔느(Vienne) 출신 라파랑이 그 누구도 달지 못한 방울을 고양이 목에 단 셈이다.

그래서였을까. 공화당은 하원의원 선거를 거뜬히 이겼다. 동력을 받은 라파랑은 지방분권 2막을 열고 많은 관할권을 주정부에서 지방정부로 이양하였다. 그리고 지방재정, 지방 국민투표 등 영토 당국의 자율성을 강화해 나갔다. 하지만 이 기세는 2008년 몰아닥친 경제위기로 그만 꺾이고 말았다. 설상가상으로 자코뱅파(파리중심주의)인 니콜라 사르코지가 정권을 잡으면서 중앙집권은 부활되었고, 그 뒤를 이은 프랑수아 올랑드 대통령 역시 이 기조를 뒤엎지 못하였다.

이 두 대통령은 미테랑과 라파랑이 힘들여 제조한 지방분권의 산소를 감소시켰고 국가와 기업경영에 권력을 집중하였다. 위기의 산물인 재집중화는 정점에 달하였고 영토 분열은 확대되었다.

경제발전은 또한 중앙집권화, 특히 금융을 강화시켰고 중소기업의 국내 투자자금은 점차 지역투자를 대체하였다.

이로 인해 피해를 본 많은 사람이 2018년 10월 노란 조끼를 입고 원형교차로로 모여들었다. 노동자, 사무직 종사자, 여성, 청년 등이 주를 이뤘다. 인구지리학적으로 보면 '공백의 대각선' 지역 주민들이 노란 조끼를 가장 많이 입었다. 이곳은 오래된 농촌지역이자 버려진 산업지역으로 프랑스 변방(Phéripérique)의 상징이다.

휘발유값 인상은 공공서비스 기관(철도, 병원, 학교, 경찰, 우체국) 등이 적은 이 지역 주민들에게 가장 큰 타격을 줬다. 버려진 기분

〈노란조끼운동 시위 참가자 수〉

시기	참가자 수
2018년 11월	287000
2018년 12월	136000
2019년 1월	84000
2019년 2월	51400
2019년 3월	33700
2019년 4월	27900
2019년 5월	18900
2019년 6월	7000

출처 : Statista 2023

을 감출 수 없었던 이들은 분노하였고 '공공서비스 증가와 세금 인하'를 외치며 길거리로 나섰다. 심각한 사태에 직면한 에마뉘엘 마크롱 대통령은 전국을 돌며 국민의 목소리를 들어야 하였다.

한편, 프랑스 일간지 〈라크루아(La Croix)〉는 지방분권 2막의 주인공인 라파랑 전 수상을 만나서 인터뷰를 하였다. 이 문제의 해결 방안을 묻는 기자에게 그는 지방분권만이 해답이라고 말하였다.

라파랑은 "이것은 신뢰의 논리이다. 비용이 많이 드는 쪽은 수직적 관리이며, 서로 감시하고 모순되는 유기체의 증가이고 중첩이다. 경제적인 것은 지역 행위자들에게 명확하고 정확한 책임을 맡기는 것이다. 독일, 캐나다 등 가장 성공적인 국가들은 고도로 분산되어 있다. 내가 수상일 때 클레르-몽페랑(Clermont-Ferrand)에 본사를 둔 미슐랭그룹의 프랑수아 미슐랭으로부터 한통의 편지를 받았다. 다국적기업 대표인 그는 자신이 '아래의 프랑스인'으로 느껴진다고 말하였다. 아래에 있다는 느낌, 그것은 무시당하고, 연결되지 않고, 경청되지 않으며, 국가 행위자들에게 인정받지 못한다는 느낌일 것이다."라고 덧붙였다.

라파랑은 파리 집중화에 직면한 프랑스가 '지방분권화'를 재작동시켜야만 노란조끼운동을 진화할 수 있다고 보았다. 국토의 균열에 대한 직감을 가진 그는 다음과 같이 말하였다. "내 비전은 영토의 계층화도 사회계급 간의 싸움도 아니다. 중심에서 주변까지의 거리를 바탕으로 한 비전이다.", "중앙 권력의 목표는 지방의 신뢰를 완전하게 회복하여 그들과 평화로운 관계를 도모하여야 한다. 통치자와 피치자 사이에 중개자 없이 직접 접촉한다는 것은 위험한 긴장관계를 유발할 수 있다. 관절이 없으면 골절을 입는다. 지방분권을 다시 활성화하고 현대화하여야 한다. 예를 들면, 고용센터를 지방으로 분산시키고 지방 차원에서 상공회의소 회원들, 협회, 노조와 같은 경제·사회적 행위자들의 조직을 재활성화시키는 것이 우선되어야 할 것이다."

영토 갈등에 대한 라파랑의 해법은 서울 일극 중심인 우리에게 큰 교훈을 준다. 교육, 행정, 금융, 기업이 총집합된 수도권과는 달리 텅 비어가는 지방. 이 양극화가 더욱 심화된다면 한국에서도 노란조끼의 분노가 폭발하지 않으리란 보장이 없다.

지방을 살리기 위하여 지방균형발전기금, 농촌발전기금 등 돈을 지원하는 것도 나쁘지는 않다. 하지만 보다 근본적인 치료는 높은 곳과 낮은 곳을 유기적으로 연결하는 것이다.

팽팽한 긴장감보다 양측이 평등한 파트너십을 구축하고 발전을 도모할 수 있을 때 영토의 양극화는 더 이상 진행되지 않을 것이다. 라파랑 수상처럼 우리도 유력 정치인들이 나서 영토 불평등을 고발하고 고양이 목에 방울을 달 수 있어야 한다.

지자체와 시민의 힘으로 부활하는 지방

프랑스의 지방들이 다시 활기를 찾고 있다. 농촌 지리학자 클레르 델포스(Claire Delfosse)는 프랑스 지역 당국과 협회 주도로 농촌에 새로운 역동성이 꽃피고 있다고 주장한다. 리옹 2대학 교수인 그녀는 2003년 학제 간 농촌 연구를 위하여 설립된 LER(Laboratoire d'Etudes Rurales)의 이사로 론 알프스 지역 연구를 주도하여 왔다. 델포스는 농촌 지역에 새롭게 등장하는 인구역학에 주목하고 있다.

그녀는 프랑스에서 '농촌의 사막화(La désertification rurale)'라는 용어는 이제 한 물 간 개념이라고 말한다. 아울러 "농촌지리학자들은 더 이상 농촌의 인구감소나 농촌의 '탈농화'에 대해 이야기하지 않는다. 1980년대 초부터 프랑스 농촌의 인구감소는 멈췄다. 오늘날 지역에 따라 '인구'의 역학은 대조적이다. 일부 코뮌은 도시의 확대로 주민이 늘어나고 있으며 도시에서 멀리 떨어진 코뮌도 마찬가지다. 전국적으로 지방은 대도시보다 훨씬 더 매력적이다. 예를 들어, 프랑스 동부의 일부 지역은 계속해서 주민이 감소하고 있지만 그 외의 지역은 그렇지 않다. 이제는 농촌의 사막화보다 갱신에 대하 이야기할 때다."라고 덧붙였다.

델포스는 또한 "시골은 고립된 곳이 아니라 도시와 상호작용하는 공간이다. 특히 서비스 제공 측면에서 작은 도시와의 관계는 매우 긴밀하다. 인구 1만 명에 가까운 소도시들은 공공 서비스의 감소로 큰 타격을 입었다. 이는 보건서비스, 행정서비스에 접근하기 위하여 훨씬 더 많은 거리를 이동하여야 하는 시골 주민들에게 큰 영향을 미쳤다. 이 공공서비스를 합리화하기 위한 개혁들은 특히 농촌지역에 영향을 미치고 있다."라고 덧붙였다.

오늘날 지역사회, 시민단체, 협회 등 지역 행위자들이 추진하는 새로운 형태의 움직임이 활발하다. 이러한 것들이 후퇴된 모든 것을 완전하게 되돌릴 수는 없지만 많은 격차를 줄이고 있는 것은 확실하다. 예를 들어, 이들은 상점 폐업을 막기하기 위하여 카페나 연합 식료품점을 설립하고 젊은이들을 끌어들이기 위하여 풍부한 문화적 일자리를 창출한다. 프랑스 남동부의 드롬(Drôme), 북서부의 페르슈(Perche), 동북부의 니에브르(Nièvre), 리모주의 크뢰즈(Creuse) 등이 대표적이다.

그렇다면 프랑스 농촌은 어떻게 되살아나고 있는가? 구체적인 사례로 먼저 프랑스 남부 파를랑(Parlan)을 살펴보자. 공백의 대각선 지역에 있는 캉탈 지방의 가장 작은 코뮌 파를랑은 최근 몇 년 사이에 인구가 급격히 늘었다. 그러나 10여 년 전만 해도 큰 위기에 처하였다. 2008년 학생 수가 급격하게 줄어들면서 교사들은 떠나야 하였고 50명이 다니는 유일한 초등학교는 문을 닫기 일보 직전이었다.

바람 앞에 촛불처럼 위기를 마주한 시장 미셸 테이세두(Michel Teyssedou)는 대책을 마련하기 위하여 바쁘게 움직였다. 마을을 재건하고 학생들을 확보하기 위하여 특단의 조치를 내려야 하였다.

지자체가 토지를 사들여서 처음으로 부동산에 접근하거나 이곳에 정착하려는 젊은 부부에게 단돈 1유로를 받고 제공하였다. 물론 수혜자들은 파를랑에 최소 10년 이상 거주하여야 한다는 의무 규정이 있다. 만약 이를 어기면 지자체에 벌금을 물어야 한다.

테이세두 시장은 2010년에 새로 정착한 다섯 가족에게 각각 1,300㎡의 땅을 할당하였다. 이 부지의 시가는 약 4만 유로이다. 지자체는 16개의 경작지, 약 2헥타르를 더 확보하여 11명의 신청자를 추가 모집하였다. 토지를 마련하기 위하여 시는 빚을 지고 은행과 지역사회의 자금과 기부자에 의존하여야 하였다.

"시청은 20년 동안 매년 16,000유로의 대출금을 상환하여야 한다. 하지만 그것은 선한 전략이기 때문에 긍정적인 부채이다. 수확을 하려면 씨를 뿌려야 한다."라고 파를랑의 시장은 설명하였다. 그 결과 놀라운 일이 벌어졌다. 2008년 307명에 불과하던 주민이 457명으로 약 1.5배 증가하였다. "이 정책은 연령 피라미드를 변화시켰다."라고 테이세두 시장은 어깨를 으쓱하였다.

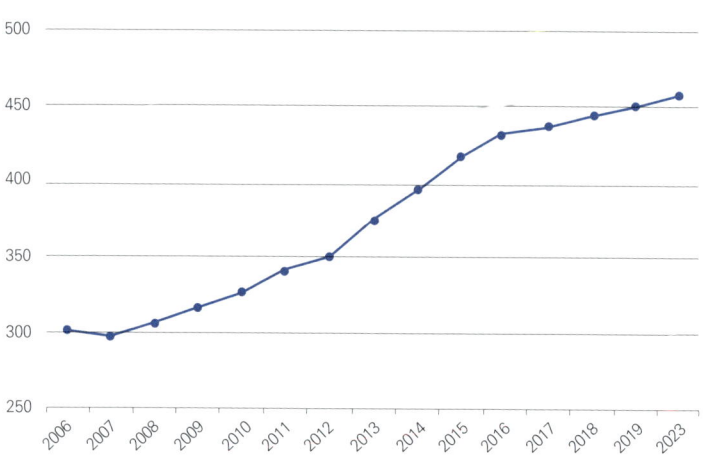

출처 : INSEE https://www.linternaute.com/ville/parlan/ville-15147/demographie

서른 살의 오드리 마티(Audrey Marty)는 시장의 정책에 매료되어 이곳으로 이사 온 여성이다. 2014년 1월부터 파를랑에 살고 있는 그녀는 "저는 남편과 함께 캉탈에 살았고, 집을 지을 땅을 찾고 있었어요. 우리는 여기서 좀 더 큰 집을 마련할 수 있었지요. 우리 아이는 여기서 학교를 다니고 있어요."라고 말하였다.

마티는 2015년 3월 이 마을에 미장원을 오픈하였다. 그녀는 자기가 한 일을 매우 뿌듯해 한다. "정말 기뻐요, 정말 잘 되고 있어요."라며 그녀는 행복하다고 말한다. 손님이 많아 마티는 고용을 창출할 수 있었다. "저는 파리 출신의 견습생을 고용하였고 1년 반 만에 그를 정식 직원으로 채용하였어요. 심지어 젊은이들도 시골에 끌리고 있어요"라고 덧붙였다.

그녀의 남편 폴도 마을을 역동적으로 만들어 일조하고 있다. 캉탈의 목재 공급회사 소장인 그는 파를랑에 출장소를 설립하고 다섯 명의 직원을 두었다. 그는 "우리는 캉탈에 살았지만 좋은 기회를 여기서 찾았습니다."라며 "우리 회사 견습생들은 파를랑의 아파트를 임대하고 정오가 되면 여기서 식사를 합니다."라고 말하였다. 파를랑은 이처럼 역동성과 활력을 되찾는 선순환 구조를 만들어가고 있다.

다른 성공사례도 있다. 프랑스 남서부 가스코뉴 지방의 도시 제르(Gers). 인구 20만 명이 살고 있는 이곳 역시 최근 생기를 되찾고 있다. 소오 솔로 제르(Soho Solo Gers)라는 장치 덕분이다. 이 장치는 지역 생활을 돕기 위하여 자영업자(번역자, 건축가, 컨설턴트, 코치, 그래픽 디자이너, 컴퓨터 과학자)들이 함께 공동작업 공간을 조성하여 더 많은 근로자를 끌어들이는 것이다. 새로 이주해 온 사람들을 회사 설립에 동참하게 할 뿐만 아니라 무엇보다도 기술을 공유하기 위하여 대규모 노동자 네트워크를 만들고 있다.

최근 들어 많은 프랑스인이 시골의 참맛과 고요를 되찾기 위하여 대도시의 열광에서 벗어나기 시작하였다. 이러한 경향은 코로나19의 위기와 함께 더 가속화되었으며, 사람들은 삶의 질을 찾

〈제르의 인구 변화와 향후 전망〉

출처 : https://ville-data.com/nombre-d-habitants/gers-32-32D

는 것을 최우선 과제로 삼고 있다. 2008년부터 제르 상공회의소는 유럽연합의 기금과 프랑스 영토보조금을 활용하여 소오 솔로 제르 프로그램을 시작하였다.

"우리는 이미 수백만 명의 젊은이가 보다 조화로운 삶을 살길 원한다는 것을 알았기 때문에 이 프로그램을 구상하기 시작하였다. 이들의 기대에 부응하여 제르시는 새로운 인구를 유치하기 시작하였다."라고 네트워크의 진행자 오드리 피에베(Audrey Fievet)는 설명하였다.

그렇다면 이들에게 제르의 어떤 요인이 매력적인 것일까? 무엇보다도 인근의 주요 도시 툴루즈와 보르도에 갈 수 있는 접근성이다. 이 두 도시와 연결되는 교통망을 이용하여 지역 주민들은 프랑스와 유럽의 주요 도시로 신속하게 이동할 수 있다. 게다가 시골의 고요와 맑고 깨끗한 공기는 질적인 삶을 제공하기에 충분하다. 파리의 30%에 불과한 싼 부동산 가격도 유혹거리이다.

농업 분야에서 최초의 유기농 지역인 제르의 신선한 로컬푸드도 사람들의 관심을 끈다. 다양한 종류의 영화관, 공연장, 축제와 함께 문화적 자산도 풍부하다. 이러한 조건은 2019년 인구감소 위기에 놓였던 제르를 2020년 회복세로 돌아서게 하였고 이 추세는 2030년까지 계속될 전망이다.

이처럼 지난 몇 년간 프랑스의 지방은 자연과의 다른 관계를 설정하여 젊은 세대들에게 더 많은 꿈을 가져다주고 있다. 이 밖에도 피니스테르(Finistère)의 베리앙, 캉탈의 뻬이 드 뮈라, 오트 비엔느(Haute-Vienne)의 누이크, '뉴딜 오베르뉴' 정책을 도입한 오베르뉴(Auvergne) 등 성공 사례는 매우 많다.

젊은이들의 비전이나 삶의 방식에 더 부합하도록 전환의 형태를 구현하여 나가고 있는 프랑스의 지방과 농촌들. 델포스 교수의 말대로 '농촌의 사막화'라는 용어는 이제 옛말이 된 듯하다. 고무적이고 낙관적인 일이 아닐 수 없다. 그럼에도 불구하고 이 추세가 계속 유지될지는 더 관찰해 봐야 한다는 평가이다. 농촌 지역의 인구통계를 보면 18세에서 24세 구간의 젊은이 비율은 여전히 낮기 때문이다.

지방소멸, 세계를 가다

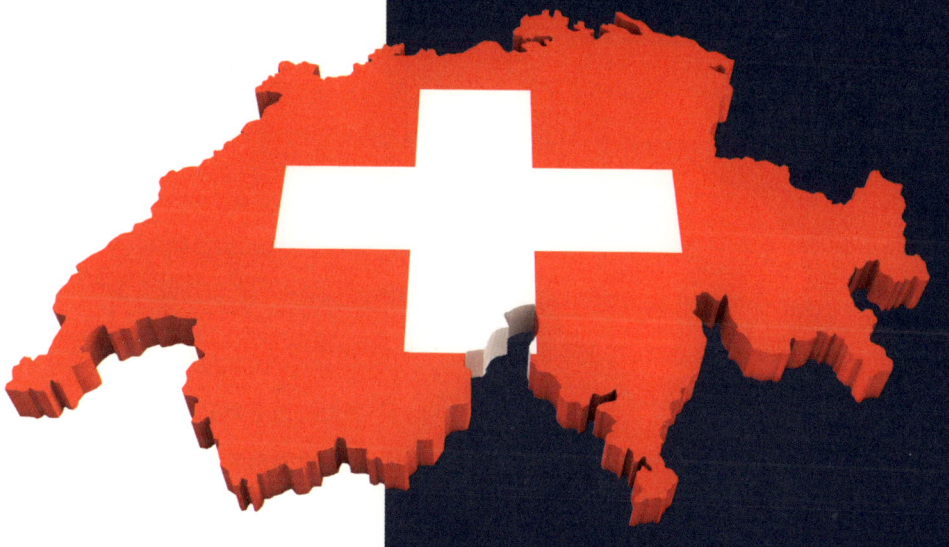

스위스

인프라 구축으로 농촌 활성화 박차

출산율 감소와 인구 이동이 맞물리면서 유럽의 일부 지역이 사막화되고 있다. 파리 디드로대학의 지리학 교수 클로드 그라슬랑(Claude Grasland)은 "유럽연합의 대부분 국가는 향후 25년간 인구감소 가능성이 매우 높은 지역이다."라고 말한다.

지난 60년간 유럽연합 27개국의 출산율은 급격히 감소하였다. 1950년에는 여성 1인당 2.8명이던 출산율이 1975년에는 인구 자연갱생의 문턱인 2.1명 아래로 떨어졌고, 2022년 1.46명으로 다시 감소되었다. 이러한 상황에서 이주 유입의 혜택을 받지 못하는 산간 마을은 소멸 위기에 놓여 있다.

프랑스의 지리학자 그라슬랑에 따르면 인구감소는 두 가지 요인에 의하여강화된다. 첫째, 경제적 요인이다. 인구가 적다는 것은 민간 서비스가 부족하고 부자들이 적다는 것을 의미한다. 따라서 세수도 적으며, 공공서비스도 적어 인구감소는 가속화된다.

둘째, 인구통계학적 요인이다. 인구가 적다는 것은 노동자가 적고 출산 가능한 젊은이가 적다는 것이다. 이는 결국 자녀 수가 적은 것으로 이어진다.

한편, 유럽의 전체 인구는 지난 반세기 동안 33% 증가한 반면, 도시 인구는 78%나 증가하였다. 도시는 시골의 인구를 무참히 집어삼켰다. 2000년대 초, 인구통계학자들은 '축소하는 지역'을 영어 'to shrinking'을 사용하여 표현하기도 하였다. 인간에 의하여 점유된 많은 곳이 오늘날 버려지고 있다는 의미이다. 이러한 지역은 특히 핀란드와 스웨덴, 피레네산맥, 스페인 북서부와 포르투갈, 프랑스 마시프 상트랄(Massif Central), 이탈리아의 아펜니네(Apennins), 스위스의 알프스산맥 등이다.

하지만 스위스의 경우 이 산간 지역을 빼고는 20세기 초보다 인구가 두 배 이상 증가하였다. 최근에는 0.7%로 증가폭이 줄었지만 여전히 증가 추세이다. 스위스가 다른 유럽 국가들과 달리 인구가 증가하는 이유는 외국인들을 많이 받아들이고 있기 때문이다. 스위스의 외국인 비율은 유럽 국가 중 가장 높고 현재 이 나라에 거주하는 외국인은 170만 명이 넘는다. 이는 스위스 인구의 약 4분의 1을 차지한다. 농촌지역에서도 이민이 인구 증가의 주요 원동력이다. 농촌의 외국인 비율은 도시보다 낮지만 최근 몇 년 동안 급격히 증가하였다. 외국인 인구는 실제로 2000년에서 2021년 사이에 약 65%나 증가하였다.

〈스위스의 인구 증가율〉

(단위: 백만 명)

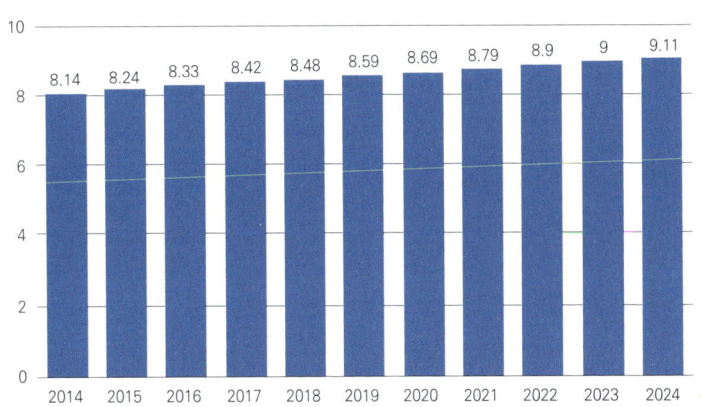

출처 : statista, "Population totale en Suisse de 2014 à 2024"
https://fr.statista.com/statistiques/685361/population-totale-suisse/

스위스는 영토의 상당 부분이 농촌이지만 대부분 도시화되어 있다. 도시 중심으로의 집중화 현상은 OECD 국가 중 최고이다.

〈유럽국가의 외국인 비율〉

국명	외국인 숫자	비율(%)
이탈리아	289,211	16.7
독일	268,181	15.5
포루투갈	216,809	12.5
세르비아	109,207	6.3
프랑스	96,528	5.6
튀르키에	70,389	4.1
코소보	66,998	3.9
스페인	64,544	3.7
마케도니아	60,353	3.5
오스트리아	37,417	2.2

출처 : 스위스 연방이민국(https://www.travailler-en-suisse.ch/classement-cantons-suisses-immigration-etrangers-16-06-2011.htm)

로잔연방 폴리테크닉대학(EPFL)의 도시사회학 교수이자 모바일 라이프포럼 이사인 빈센트 카우프만(Vincent Kaufmann)은 "농촌이나 중간 지대에 사는 사람들 상당수는 도시에서 일하고 생활환경을 위하여 시골에서 사는 '시계추형 삶'을 산다."라고 말한다. 스위스 연방통계국에 따르면 약 50%의 일자리가 도시 지역에 집중되어 있다.

그러나 유럽의 다른 국가에 비하여 스위스는 소규모 국가로 철도 인프라가 잘 형성되어 이동성이 매우 좋다. 교통 전문가에 따르면 이는 공간 분리를 제한하는 요소로 프랑스의 많은 시골 지역에서는 거의 불가능한 상태다.

수백만 명의 프랑스인들은 '초(超)농촌'에 살고 있다. 이 지역들은 도시로부터 멀리 떨어져 있고, 대중교통이 잘 연결되어 있지 않으며 심지어 인터넷 통신망조차 부족하다. 최근의 한 연구에 따르면 시골 사람의 약 10%가 응급 서비스로부터 30분 이상 떨어진 곳에 살고 있다. 영국도 마찬가지이다. 비상시 가장 가까운 병원에 가려면 자동차를 평균 26분은 타고 가야 하며 대중교통을 이용하면 약 1시간은 걸린다.

이와는 달리 스위스에서는 대중 교통망이 밀집되어 있고 도시는 대부분 가까이 있다. 시골에서 가장 가까운 병원까지는 평균 9km 밖에 떨어져 있지 않다. 이처럼 스위스는 유럽의 다른 국가에 비해 도시와 시골의 접근성이 용이하여 지방 격차의 문제가 크게 발생하지 않는다.

다만 의료 서비스의 경우가 약간 문제이다. 시골의 코뮌(작은 지자체) 3개 중 1개만이 의료 시설을 갖추고 있는 상태이다. 여러 나라의 의료 사막을 분석한 국제사회보장협회(AISS)는 스위스의 상태는 심각하지 않다고 말한다. 이동성이 좋기 때문에 이는 충분히 극복될 것으로 보고 있다.

또한 스위스에는 '디지털 균열'도 크지 않다. 농촌지역에서 초고속 인터넷이 연결된 가구 비율은 OECD 국가 중 가장 높고 농촌 인구의 기본적인 디지털 기술은 유럽에서 최고 수준이다. 따라서 이러한 인프라 구축은 거의 모든 곳에서 재택근무를 가능하게 한다. 이는 더 많은 도시 거주자들을 농촌에 정착할 수 있게 함으로써 도시와 농촌의 관계는 향후 더 변화될 전망이다.

도시 집중화가 심한 스위스이지만 영토가 좁고 사회 인프라가 잘 마련되어 있어 시골이 사막화될 확률은 그리 높아 보이지 않는다. 따라서 영토 불평등으로 인한 도시 유권자와 농촌 유권자 간 투표 갈등도 일어나지 않는다. 다만 앞에서 언급했듯이 알프스 산간지역에 들어온 빨간 경고등이 문제이다. 이곳의 마을 상당수는 생존을 걱정하여야 할 판이다. 젊은이들은 일자리를 찾아 도시로 떠나고 빈집은 보수되지 않은 채 버려져 있다. 유령화되어 가는 마을을 어떻게 할 것인가.

몇 백년간 조상대대로 이어온 마을이 사라진다면 어찌할 것인가? 지자체들의 고민이 클 수밖에 없다. 이들은 모든 상상력을 동원하여 수단을 강구하고 있다. 그들이 내놓은 특단의 조치는 과연 무엇일까? 역동성의 대명사인 젊은이들과 미래의 가족들을 끌어모으는 데 약효가 있는 것은 무엇일까?

마을 구출에 발 벗고 나선 주민들

　스위스는 인구가 꾸준하게 증가하는 나라이다. 따라서 한국처럼 지방소멸이 이슈가 되거나 정치적 쟁점이 되지는 않는다. 하지만 알프스산맥에 있는 작은 마을들은 인구 유출로 상당한 위기에 처해 있다. 지난 20~30년 동안 이 마을들의 인구는 감소하였고 학교는 문을 닫아야 하였다.

　대표적인 마을 중 하나인 알비넨(Albinen)을 보자. 해발 1,300m 고도에 위치한 론 계곡(발레 주)이 내려다 보이는 목가적인 마을 알비넨은 스위스 알파인 마을의 전형이다. 게미(Gemmi) 기슭에 위치하여 햇볕이 잘 들고 밀 창고 사이로 보이는 구불구불한 골목길은 좁은 자갈로 포장되어 있다.

평평한 돌로 덮인 네 개의 기둥 위에 올려진 이 높은 창고들과 숲이 우거진 정면의 오두막들은 향기로운 정경들을 연출한다. '알프스 소녀 하이디'에 나오는 마을만큼이나 아름답다. 이러한 알비넨이 생사기로에 놓여 있다.

지난 한 세기 동안 알비넨에서는 150명의 주민이 사라졌다. 도시라면 이 숫자가 무슨 문제가 되냐고 하겠지만 243명이 사는 작은 마을에서는 눈앞이 캄캄한 숫자이다. 설상가상으로 최근 두 가족이 떠난 후, 초등학생들은 다섯 명만 남았다. 학교는 이제 문을 닫아야 한다. 이 상황을 수수방관한다면 어떻게 될 것인가.

이에 2017년 알비넨의 비트 조스트(Beat Jost) 시장과 시민들은 발 벗고 나서서 특단의 조치를 강구하였다. 이 마을에 정착하러 오는 새 거주자들에게 '돈을 준다'는 획기적인 아이디어였다. 선거인단의 과반인 94명이 서명한 발의안이 시의회에 상정되어 2017년 11월 30일 통과되었다.

따라서 새 집을 건축하거나 개축하여 이 마을로 이사를 온다면 성인 1인당 25,000프랑(21,500유로: 한화 약 3천만 원), 어린이 1인당 10,000프랑(8,600유로: 한화 1,230만 원)의 정착보조금을 받을 수 있다. 알비넨 시는 매년 10만 프랑의 기금을 운영자금으로 마련하여야 한다. 그러나 새로 이사 오는 사람은 몇 가지 조건을 구

비하여야 한다. 45세 미만이어야 하고 이 마을에 정착하면 최소 10년 이상 거주하여야 한다. 또한 집을 구입하거나 건설하기 위하여 20만 프랑(172,000유로: 한화 약 2억 5천만 원)을 투자하여야 하며, 2차 거주지를 고려하여서는 안된다.

이 소식은 순식간에 퍼져 나갔고 세계 각지에서 후보자들이 몰려들었다. "WhatsApp이나 전화를 통해 조스트 시장에게 12,000명이 요청하여 왔다. 짐을 챙겨 와 돈과 아파트가 어디 있냐고 묻는 사람까지 생기는 진풍경도 벌어졌다. 해외 언론들이 유효한 거

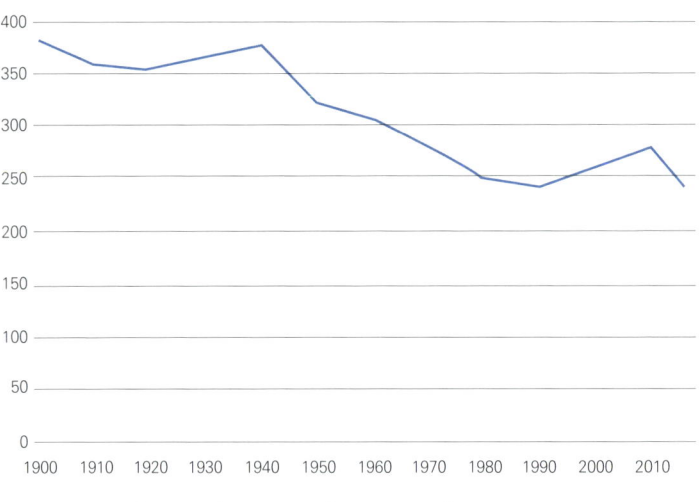

〈알비넨의 주민 수 변화〉

출처: SWI(swissinfo.ch) tvsvizzera.it/Zz avec RTS et les agences

주 허가증과 집을 사거나 개조하여야 할 의무가 있다는 것을 명확히 설명하지 않아 오해가 생기기도 하였다."

아무튼 이 파격적인 제안은 너무나 큰 효과를 봤다. 알비넨의 시장은 "우리는 12명의 어린이를 포함하여 38명을 수용하였다. 그리고 2019년 말, 4명의 아이가 탄생하였다. 이는 20년 만에 얻은 신기록이다. 우리 마을이 아직 완전히 위험에서 벗어난 것은 아니지만 올바른 방향으로 가고 있는 것은 사실이다. 정착보조금은 항상 관심사이다. 두 명의 새 후보자가 대기 중에 있다."라고 덧붙였다.

조스트 시장에 따르면 알비넨의 잠재력은 어마어마하다. 경치가 탁월하고 공기는 맑고 태양은 빛나며 유명한 루체레뱅 온천은 6km 밖에 떨어져 있지 않다. 마을 안에는 일자리가 거의 없지만 인근 비에주(Viège) 산업단지나 시온(Sion)시는 차로 30분이면 가서 일할 수 있다. 건설할 땅도 부족하지 않다.

알비넨의 제안에 경쟁지들이 나타났다. 그중 하나가 알프스의 부르-생-피에르(Bourg-Saint-Pierre)이다. 그랑 생 베르나르 언덕에서 1,630m 떨어진 이 마을은 마티니와 아오스트 중간 지점에 위치하고 있다.

오래된 건물의 매력, 복원된 방앗간, 그리고 여러 세기 동안 여행자들이 지나간 많은 흔적이 남아있는 역사와 전설의 고장이다.

한니발과 그의 코끼리들, 아마도 로마제국의 군대, 나폴레옹의 군대, 수백만 명의 순례자, 여행자, 상인… 전 세계가 그랑 생 베르나르 고개를 통과하였을 것이다.

이렇게 유서 깊은 마을이 인구감소로 사라질 위기에 놓였다. 1993년부터 이 마을의 수장인 길버트 토나르(Gilbert Tornare)는 마을을 떠나는 사람들의 세 단계를 설명하였다.
"먼저, 도시로 출근하였다가 저녁에 돌아온다. 그리고 출퇴근에 지친 그들은 원룸 하나를 도시에 잡는다. 결국, 우리는 그들을 다시는 볼 수 없게 된다."
심각한 사태로 내몰린 부르-생-피에르는 새 주민들을 데려오고 현재의 주인을 사수하기 위하여 해결책을 찾아야 하였다. 이 마을은 새 거주자들을 위한 건물의 개조나 건설에 최대 3만 프랑의 자금을 지원하겠다고 제안하였다. 이 경우 연령 제한은 없지만 최소 20년 동안 여기에 거주하여야 한다.

자녀교육보조금으로 미취학 아동은 1인당 연간 500프랑, 초등학생 1,000프랑, 고등학생 2,000프랑, 견습생 또는 대학생에게는 2,500프랑을 제공하고 동시에 세금을 대폭 인하한다. 이 보조금은 주거 유지라는 또 다른 기능을 가지고 있다. 이 정책이 시행된 이후 마을의 집들은 정기적으로 공사 중이다. 현재 약 여섯 채의 집이 개조되고 있다.

이 제도는 시와 지역의 지원으로 보완되었고 지난 4년 동안 58명이 정착하는데 기여하였다. 새 거주자들 중에는 스위스 사람이 많다. 몇몇은 앙트레몽이나 생모리스 출신이기도 하다. 또한 제네바에서 온 세 명의 경찰도 있다. 그 중 한 명인 세바스티앙 브루니(Sébastien Brunny)는 "전에는 제네바에 세금을 냈다. 여기서 내는 세금과 비교할 수 없을 정도였다."라고 말하였다. 그는 또한 집을

〈부르-생-피에르의 주민 수 변화〉

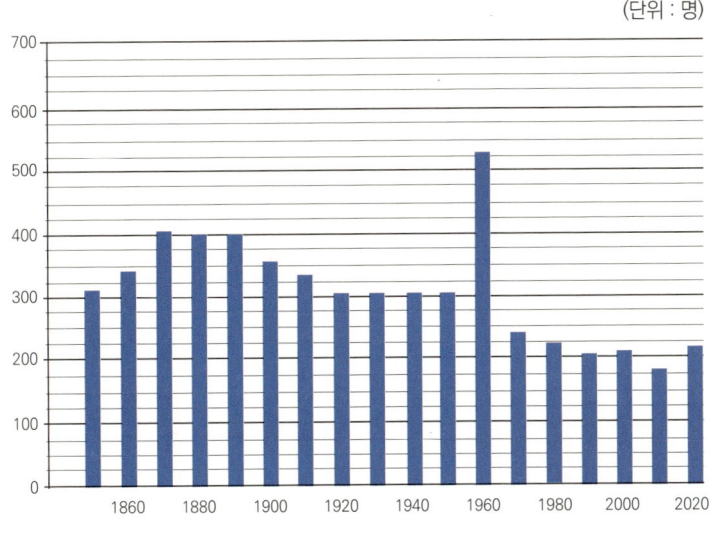

출처: Bourg-Saint-Pierre 위키피디아

개조하는 데 주는 3만 프랑의 보조금이 이사 결정에 최대변수였다고 고백하였다.

이 마을 출신 54세의 에두아르(Edouard)는 새 주민들이 도착하는 것을 긍정적 관점에서 바라보고 있다. "이 정책은 지역 사람들에게 일자리를 만들고 마을을 활기차게 만든다." 토나르 시장은 "주민의 수가 증가함에 따라 2018년 1월에 시행된 세금 인하는 사실상 80%로 적용되었다."고 강조한다. 부르-생-피에르는 전례 없는 부흥을 경험하고 있다.

지방소멸, 세계를 가다

스페인

텅 비어가는 농촌, 시민의 힘으로 대반전

2019년 10월 19일 토요일, 여느 해와 마찬가지로 스페인 국왕 필리페 6세와 그의 아내 레티시아는 '모범마을상' 시상식 참석을 위하여 북서부 아스투리아스로 떠났다. 1990년부터 수여되고 있는 이 상을 시상하기 위하여 국왕 부부는 이때 처음으로 두 딸을 동행하였다.

왕위 계승자 레오노르 공주는 스페인 시골에 대한 찬사와 피레네 외곽에서 끊임없이 이주하여

오는 이 활기찬 지역들을 지지하는 연설을 하였다. 그러나 이베리아반도의 심각한 영토 불평등을 걱정하는 언급을 전혀 하지 않는게 크게 아쉬웠다.

스페인 농촌의 인구감소는 심각한 상태이다. 전후 시작된 농촌

인구 유출은 지금도 계속되어 마드리드, 바르셀로나 등 대도시와 바스크 지방, 그리고 말라가(안달루시아)는 인구 포화상태에 이르렀고 이곳들은 노동자와 부의 대부분을 끌어모았다. 실제로 스페인의 4,690만 인구의 절반 이상이 매우 작은 지역에 모여 살고 있다. UN의 추정에 따르면 2035년에 이르면 스페인 인구의 33%는 마드리드와 바르셀로나에 옹기종기 모여 살게 된다.

반면에 안달루시아 북부, 아라곤 남부, 에스트레마두라, 내륙

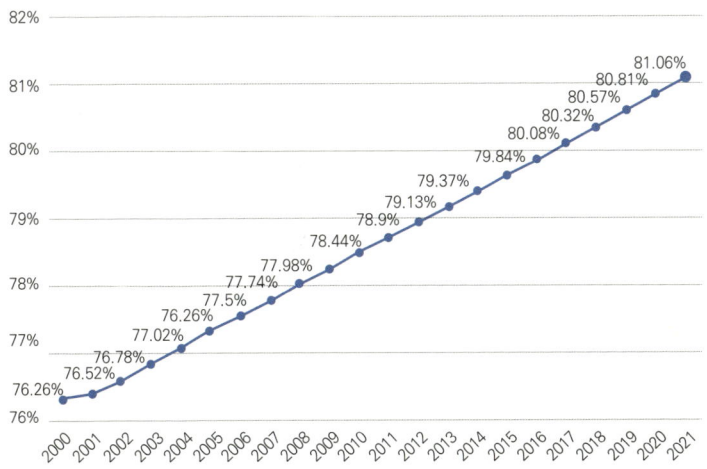

〈스페인 도시 인구의 추이〉

(출처: Statista 2023)
https://fr.statista.com/statistiques/690112/part-population-urbaine-espagne/

갈리시아, 그리고 해안에서 가장 멀리 떨어진 발렌시아 지역은 심각한 경제적, 정치적 문제를 불러오는 거대한 '빈 스페인(España vacía)'으로 자리잡았다.

'에스파냐 바키아(España vacía)!'

'텅 빈 스페인'이라는 뜻의 이 용어는 1950년대부터 1960년대 스페인 일부 지역에서 시작된 인구감소 현상을 상징하는 언어로 등장하였다. 농촌의 이탈로 극심한 이주 물결을 겪었던 스페인 지역을 지칭하는 사회학적 용어라고 볼 수 있다.

〈스페인의 인구밀도〉

(출처: 왼쪽: 프랑스 위키피디아, 오른쪽: 프랑스 라루스사전)
https://fr.wikipedia.org/wiki/D%C3%A9mographie_de_l%27Espagne

프란시스코 프랑코 독재에 대한 거부와 좀 더 나은 곳으로 나아가려는 스페인 사람들의 의지가 결합된 이 현상은 다른 유럽 국가에서는 보기 드문 광경이었다. 묘하게 이 대목에서 한국의 1960~70년대의 농촌탈출 주민 행렬의 파노라마가 스쳐 지나간다.

설상가상으로 당시 스페인은 농업력, 특히 대단위 농업이 발달한 지역에서 농업력을 유지하기 위하여 유럽공동농업정책에 가입하였다. 그러나 이는 노동 수요를 감소시켰고 도시의 인구 집중화를 한층 가속화시켰다.

따라서 국토의 53%를 차지하는 '텅 빈 스페인'에는 인구의 5%만이 살고 있는 기형학적 영토 불평등지역이 되었다. 카펠레, 에스트레마두레, 아라곤, 라 리오하 등의 인구밀도는 1㎢에 12.5명 미만이고 평균 연령은 50세 이상이다.

'테루엘은 생존한다(Teruel Existe)' 플랫폼의 대변인 마누엘 기메노(Manuel Jimeno)에 따르면 이들 지역의 인구밀도는 머지않아 1㎢당 2명 이하로 떨어질 가능성이 있다. 이는 스웨덴과 핀란드 북부에 버금가는 '인구사막' 상태이다.

수십 년 동안 테루엘의 인구는 감소하였다. 2017년, 일부 지역은 1㎢당 평균 1.63명의 주민이 살았다. 이 수치는 유럽에서 가장 외진 지역 중 하나로 알려져 있는 스웨덴의 라포니아 인구보다 적다. 심각한 것은 스페인에서 테루엘 만이 이런 문제에 직면한 것이 아니라는 사실이다. 카스티야 레온, 카스티야라 만차, 엑스트레 마두라, 라 리오하 모두가 같은 처지이다.

결국 이에 분노한 사람들이 대거 거리로 쏟아져 나왔다. 2019년 3월에 일어난 '텅 빈 스페인의 반란'이 바로 그것이다. '에스파냐 바키아'라는 피켓을 들고 10만 명의 인파가 구호를 외치며 거리로 나와 불만을 토로하였다. '텅 빈 스페인'에 대한 정치권의 무능과 무관심에 대항하여 20개 지방에서 모여든 사람들이다. 이들은 인구 밀집 지역에만 유리한 시설 기반을 집중적으로 건설하여

〈텅 빈 스페인 혁명(Revuelta España Vaciada)〉의 물결

(사진=스페인 매체 '북부 카스티야(El Norte de Castilla)')

그렇지 않은 지역과 지역 불균형 문제를 확대한 것을 정치권에 강력히 항의하였다.

수십 년간의 인구감소와 그로 인한 국가 해체에 대항하여 벌인 이들의 규탄은 가히 성공적이었다. 이에 고무된 시민 조정자 테루엘은 2019년 11월 총선에 전통적인 정당이 아닌 플랫폼(Teruel Existe) 형태로 출마를 결정하였다. 지역민들의 긴급한 목소리를 담아내기 위하여서는 국회 입성이 절실하였다. 결국 시민이 승리하면서 토마스 기타르테(Tomás Guitarte) 후보가 국회의원 배지를 다는 이변이 일어났다. 텅 빈 농촌에 대항하여 싸울 스페인 정치 조직 1호의 탄생! 과연 '에스파냐 바키아' 운동을 성공적으로 이끄는 신호탄이 될 수 있을까?

스페인 시민단체들은 2020년 3월 31일 '텅 빈 스페인 반란' 1주년을 맞아 마드리드에 모였다. 시민단체는 고령화된 인구감소 지역의 위생 시설 등 공공서비스를 폐쇄하여서 코로나 바이러스 최악의 동맹국이 되었다고 울분을 토하며 차별 종식을 촉구하였다.

지역 정당 창당 붐

　스페인의 인구는 심각하게 노령화되고 있다. 지난 2000년 노령화율이 100%를 넘어서더니 2022년에는 133.5%로 최고치를 경신하였다. 이는 16세 미만 100명당 64세 이상이 133명이라는 것을 의미한다. 이 추세로 간다면 2040년에는 일본을 능가하게 된다.
　그러면 출생률은 어떠한가? 스페인 일부 지방에서는 최근 20~30년간, 단 한 명의 신생아 울음소리도 들리지 않았다. 2019년 기준, 스페인 50개 주 중 연금 수급자보다 더 많은 아이가 거주하고 있는 주는 15개에 불과하였다.

　설상가상으로 도시의 인구 과밀화도 유럽 최고 수준이다. 에스

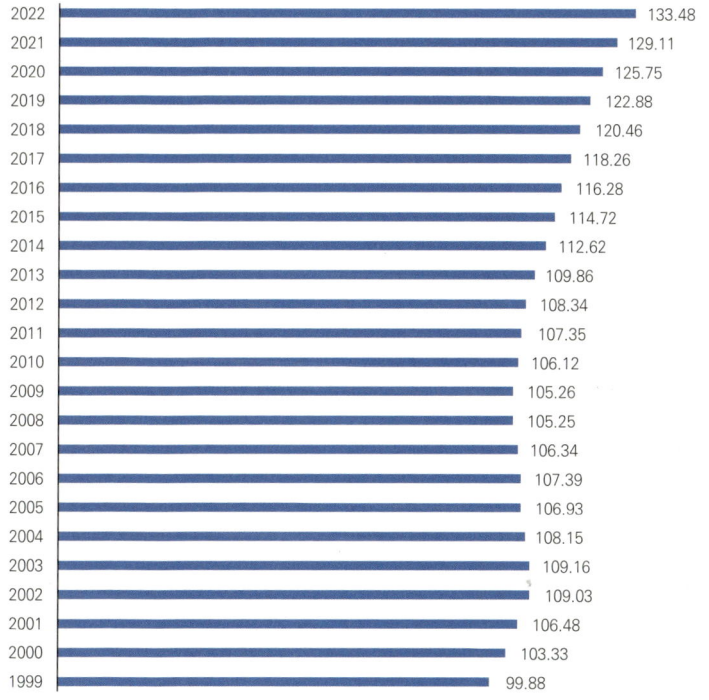

출처: 스페인 국립통계연구소(INE)

파냐 바키아(España Vaciada: 텅 빈 스페인)! 프랑코 독재 종식 이후 1990년에서 2000년대에 일어난 '건설 붐'은 스페인 국토를 도시화의 도가니로 몰아넣었다. 스페인 국립통계연구소(INE)의 기준에 따르면, 인구가 2,000명 미만인 지자체는 농촌으로 간주된다. 2011년 조사에 따르면 8,116개의 지자체 중 5,791개가 2,000

명 미만, 즉 전체의 71%를 차지하였다. 이 넓은 농촌에 스페인 인구는 고작 6%만 살고 있다. 안달루시아는 3.3%로 그 비율이 더욱 낮다.

　스페인 정부는 카스티야-아라곤, 에스트레 마두라, 그리고 안달루시아 중부를 버린 듯하다. 매년 정부는 공공시설을 꾸준히 폐쇄하며 더 적은 교통과 학교, 보건소 등으로 시골을 포기해 갔다. 최근 몇 년 동안 농촌과 내륙지역의 인구감소가 정치적 의제로 떠오른 까닭은 다름 아닌 바로 이 때문이다.

　영토 불평등에 화가 난 시민들이 2019년 3월 31일 대반란을 일으킨 것은 결코 우연이 아니었다. 그해 11월 총선에서 이 반란은 선거의 모든 이슈를 블랙홀처럼 빨아들였다. 그리고 '테루엘은 생존한다(Teruel Existe)'는 플랫폼 정당이 하원 한 석과 상원 두 석을 차지하는 이변을 낳았다.
　'테루엘 엑시스테'는 스페인 정부가 버린 '이류' 지방들의 요구를 대변하고 잊혀진 지방의 존재를 부각시킨 선구자들이다. 이들의 쾌거는 하루아침에 이루어진 것이 아니다. 1999년 11월에 탄생한 이 단체는 20년간 지방의 인구감소를 억제할 수 있는 투자와 인프라를 요구하고 테루엘 사람들에 대한 공정하고 평등한 대우를 외쳐왔다.

테루엘 엑시스테의 승리는 인구감소 지역의 추진력을 주요 정치적 동기로 삼고 길거리 운동을 벌여 온 다른 단체들에게 신선한 자극을 주었다. '소리아 야!(Soria iya! 지금 바로)'와 '레온 인민연합', '아라곤 엑시스테'는 테루엘 엑시스테를 벤치마킹하기 시작하였다. 특히 플랫폼의 마지막 액션 '소리아 야!'는 지방에서 겪고 있는 인프라의 결함을 가시화하고 이에 대한 불편을 널리 알렸다. 2022년 2월 열린 카스티야-레온 지방선거에서 결국 이들은 의석을 쟁취하였다.

이 시민 플랫폼은 스페인의 정치적 스펙트럼을 뒤흔들었다. 180개의 농촌협회로 구성된 이 비정형적인 단체는 2023년 총선에서 마드리드 국회로 대표를 보내겠다는 의지를 불태웠다. 2021년 11월 발표된 여론조사에 따르면 이들은 1년 6개월 후 있을 총선에서 15석은 거뜬하였다. 이는 지방을 대변하지 않는 스페인의 기존 정당들을 긴장시키기에 충분하였다.

〈에스파냐 바키아 정당 연맹들〉

스페인 남동부 에스트레마두레의 알마라즈(Almaraz)에 위치한 'Resistiré Rural(시골의 저항)' 협회장인 호르헤 벨라스코(Jorge Velasco)에 따르면 비정치적이라고 자처하는 이 단체들은 지역 생산과 소비를 촉진함으로써 인구감소에 생산적으로 싸우기 위한 110가지 실질적인 조치도 발표하였다.

그러나 2023년 총선 전초전인 5월 지방선거에서 이들은 큰 성과를 내지 못하였다. 이 운동이 일회성 유행으로 끝날지도 모른다는 우려 섞인 목소리도 나온다. 사실, '에스파냐 바키아' 플랫폼에는 매우 다양한 스펙트럼이 존재한다. 이는 긍정적인 측면도 있지만 때론 갈등의 원인이 되기도 한다.

사냥이나 투우 같은 전통적인 가치에 집착하는 시골 출신과 더 환경 친화적인 좌파적 감수성을 열망하는 사람들, 거기에 우파 성향, 심지어 극우 성향까지 각양각색이다. 이 모두가 균형을 맞추기가 쉽지 않다. 더 걱정스러운 것은 포퓰리즘의 표류도 있다.

게다가 유럽연합의 보조금은 마드리드가 주도하고 있는 대형 관광 프로젝트로 향하고 있어 소규모 지역은 혜택을 거의 받지 못하고 있다. 따라서 이 운동은 프랑스의 노란조끼운동처럼 급진적으로 변할 가능성도 배제할 수 없다. 스페인 역시 에너지와 연료 가격의 상승이 긴장을 고조시키고 있다.

많은 사람은 약속을 지키지 않는 공권력에 대한 좌절감과 분노가 크다. 스페인 사회주의자들은 2019년 11월 테루엘과 협정을 맺었지만 과거의 합의는 하나도 적용하지 않았다. 에스트레 마두라에서는 철도 노선의 개선을 요구하였지만 그 어떤 개선작업도 이루어지지 않고 있다.

『텅 빈 스페인. 존재하지 않았던 나라로의 여행(La España vacía, viaje por un país que nunca fue)』을 써서 '에스파냐 바키아'라는 용어를 유행시킨 세르히오 델 몰리노(Sergio del Molino)는 이 모든 것은 정당으로 구성되면서 무너질 수 있다고 염려한다. 이러한 사회의 변혁적 구도는 정치화하면 상실될 수 있다는 것이다. 따라서 가장 효과적인 것은 '에스파냐 바키아' 운동으로 그들의 에너지와 다원성으로 자극했던 역동적인 사회를 살아있게 하는 것이다. 이는 스페인 시골이 잠들지 않았고 현대 사상의 흐름과 무관하지 않다는 것을 보여줄 것이다. 시골은 결코 정치적 희생양이 되지 않을 것이다.

그렇다면 텅 빈 스페인 문제를 해결하기 위한 해결책은 무엇일까? 델 몰리노는 첫째, 스페인 정부는 농촌의 이탈을 완화하고 가족들이 도시 밖에서 살 수 있도록 재택근무를 허용하는 새로운 노동 개혁을 시행하여야 하며 자녀가 있는 부부를 위한 지원정책을 수립하여 이 가족들이 농촌으로 이주하도록 유도하고, 도시인구를 이 텅 빈 지역으로 데려올 수 있게 하여야 한다고 강조한다.

아울러 그는 농촌지역의 지속적인 인구 고령화에 어떻게 대처할 지가 관건이라고 말한다. 젊은이들이 도시로 떠나버린 상황에서 노인들은 스스로 인터넷을 활용하여 이용 가능한 특정 절차나 서비스 과정에 접근하기 어렵다. 그러므로 사회 복지사나 공공-민간 서비스 제공자들은 이러한 상황을 해결하고 대중들에게 더 큰 접근성을 제공할 수 있게 하여야 한다고 강조하였다.

데사피오(도전), 농촌 에라스뮈스!

"브뤼셀, 로마, 파리는 잊고 벨치테(Belchite), 메퀴넨자(Mequinenza), 큐벨(Cubel), 알라드렌(Aladrén) 같은 작은 마을에서 에라스뮈스(Erasmus)를 하세요. 여기선 일자리를 제공합니다." 이는 스페인 사라고사대학의 프로그램 데사피오(Desafio: 도전)의 캐치프레이즈다.

데사피오 농촌 에라스뮈스!
젊은이들이 '텅 빈 스페인'의 현실을 인식하고 농촌에서 첫 직장 경험을 할 수 있게 하는 개방형 일자리 프로젝트이다. 사라고사 지방의회(La Diputación Provincial de Zaragoza: DPZ)와 사라고사대학(UZ)이 제안하여 2018년 시작하였다. 그런데 왜 에라스뮈스인가? 유럽 학생들이 다른 나라 대학에서 특정 기간 공부를 하는 교류 프로그램 '유럽 에라스뮈스'에서 영감을 얻었기 때문이다.

스페인 북부 아라곤의 수도 사라고사는 피레네산맥 남쪽의 카탈루냐와 나바라 사이에 위치한 아름다운 도시이다. 바로크 예술의 흔적들이 여기저기 눈에 띄고 녹색의 첨탑이 푸른 강물과 대칭을 이룬 알하페리아 궁전은 그지없이 아름답다. 이 역사의 도시가 위험에 처해 있다. 계속되는 인구감소로 인구밀도는 1㎢당 12.5명에 불과하다. 이런 추세로 2명까지 감소한다면 인구사막에 이르고 만다. '아라곤 엑시스테(Aragon Existe)'가 2019년 마드리드 광장으로 나가 '에스파냐 바키아(España Vaciada: 텅 빈 스페인)'를 외친 이유는 바로 이 때문이다.

이 사막화를 어떻게 저지할 것인가! 거대한 물길을 혼자의 힘으로는 도저히 되돌릴 수 없다. 사라고사 지방의회와 사라고사대학이 발 벗고 나서 '데사피오' 프로젝트를 시작한 연유이다. 사라고사 지방의회 의장 후안 안토니오 산체스 케로는 궁리 끝에 이 프로그램을 고안해 냈다. 그는 "인구감소와 싸우기 위하여서는 무엇보다도 창의성, 혁신, 그리고 농촌 환경에 대한 긍정적인 시각이 필요하다."고 말한다.

'농촌 에라스뮈스'는 3,000명 미만의 지자체에 소재하고 있는 기업, 공공기관, 재단 및 비정부기구가 학생 유치 및 훈련에 관심이 있다면 사라고사대학의 직업 및 학술지도 서비스인 Universa에 관심을 표명하고 원하는 프로필과 역량을 입력한다. 그러면 Universa는 인턴십 제안서를 발행하고 지원자를 받아 선발 후 연결시켜 준다. 이는 새로운 인재와 미래의 근로자들, 나아가 미래의 이웃들을 끌어들이기 위한 전략이다.

〈아라곤 자치구의 수도 사라고사〉

〈출처: 위키피디아〉

이 프로그램이 시작된 2018년에 양로원, 농장, 사회문화협회, 시청 등에서 13명의 학생이 인턴십을 마쳤고, 다음 해에는 23명으로 증가하였다. 지금은 전국적으로 확대되어 1,000여 명에 이른다. 이들의 프로필은 수의학, 법학, 마케팅, 미술, 사회복지, 보건, 유아교육 등 다양하다.

   이 학생들이 농촌에서 배울 수 있는 것은 무엇일까? 물론 수의대생들은 지역 농가에서 완벽한 훈련을 할 수 있다. 하지만 꼭 농업분야에 한정된 건 아니다. 건축과 학생들은 마을의 전통 방앗간에서 미래의 산업박물관 설계를 구상하고, 역사학과 학생들은 문화축제를 조직하기 위하여 '아르테협회'와 함께 일한다. 시골요양원을 실습 장소로 활용하는 미래의 간호사, 작은 지자체에서 지방법에 대한 지식을 익히는 법대생들도 있다.

   학생들이 기량을 갈고 닦으며 농촌의 민감한 환경을 이해할 수 있도록 새로운 관점에서 기관 간 협력을 통한 정책을 실시한다. 결과적으로, '유럽 에라스뮈스'처럼 젊은이들의 직업 훈련과 고용 가능성에 긍정적인 효과를 가져 오게 한다. 따라서 '농촌 에라스뮈스' 과정을 마치면 현지에 고용되는 젊은이도 많다.

   이 인턴십 비용은 사라고사 지방의회에서 전적으로 부담하지만 지역의 기업들도 참여할 수 있다. 2018년 첫해에는 9,000유로(약

농촌 에라스뮈스에 참가한 스페인 젊은이들 (출처 : rtve)

1,278만 원)가 할당되었고, 그 다음 해에는 3배나 증가하여 3만 유로가 되었다. 이 예산은 학생들에게 지급되는 인턴십 수당과 숙박 및 여행경비 등을 포함한다. 6년차인 2024년에는 10만 유로가 배정되었다.

이 프로그램은 100% 성공적이었다. 기업과 단체뿐만 아니라 학생들도 자신이 배운 것에 만족하여 이 경험이 새로운 자극과 비전을 주었다고 기뻐하였다. 책임자 니에베스 가르시아(Nieves García Casarejos) 사라고사대학 교수는 2019년 '아라곤 사회 책임상'을 수상하는 영광을 안았다.

이처럼 '농촌 에라스뮈스'가 매우 좋은 반응을 얻자 스페인 전역에서 관심을 갖기 시작하였다. 소리아 야(지금 바로)! 플랫폼도

이 새로운 에라스뮈스가 "젊은이들이 농촌 세계를 알고 해결책을 찾을 수 있도록 기댈 수 있는 지점"이기 때문에 긍정적이라고 평가하였고, 농촌여성협회(FADEMUR) 테레사 로페즈 회장 역시 "젊은이들이 마음을 열고 농촌 세계의 현실이 무엇인지 알 수 있는 기회"라고 믿고 있다.

이러한 반향은 결국 스페인 중앙정부를 움직였다. 2021년 3월 말, 사회당의 테레사 리베라(Teresa Ribera) 생태전환부 장관은 아라곤의 '농촌 에라스뮈스'를 전국으로 확대하겠다고 발표하였다. 전 지역으로 확산하여 학생 인턴십과 취업 장학금을 제공함으로써 농촌의 재건을 도모하겠다는 의지이다. 학생들이 6,800개의 스페인 소규모 지자체 중 어느 한 곳에서 경력을 쌓을 수 있도록 기회를 제공하며 참가자는 숙박, 여행, 일일 20유로의 수당을 포함하여 월 300유로에서 600유로를 지급받는다.

지방소멸, 세계를 가다

포르투갈

인구 위기에 대응한 '레그레사' 정책

최근 지구 행성에 인간의 숫자가 80억 명을 넘었다고 한다. 하지만 모든 나라에서 같은 방식으로 인구가 늘고 있는 것은 아니다. 포르투갈은 오히려 인구가 줄어들어 정부 당국의 고민이 깊어지고 있다. 일간지 〈Publico〉는 "포르투갈은 가장 많은 인구를 잃고 가장 빨리 노령화되며 노동력이 감소하는 나라"라고 보도한다.

포르다타(Pordata) 데이터은행에 따르면 포르투갈은 유럽의 장수 국가로 손꼽힌다. 포르투갈인의 22%는 65세 이상이고, 100세를 넘는 사람이 현재의 4,000명에서 2050년에는 10,000명으로 2배 이상 껑충 뛴다는 전망도 나온다.

2021년 실시된 인구조사에 따르면 지난 10년간 포르투갈의 인구는 21만 4천 명 감소하였고 2024년에는 45,234명이 감소할 것으로 전망되었다. 출생 인구는 85,330명이지만 사망 인구는 103,565명으로 사망자가 출생자를 훨씬 능가한다. 이주 인구 또한 26,999명 감소할 예정이다. 따라서 인구는 10,029,198명이 된다. 이 추세대로 라면 2204년에 포르투갈은 인구 멸종위기를 맞을 것이라고 온라인 신문인 〈주르날 이(Jornal I)〉는 경고한다.

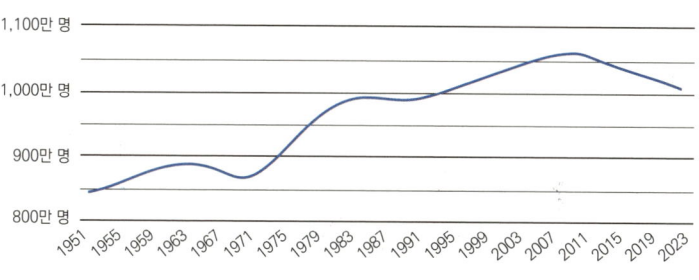

출처: Portugal Population(https://countrymeters.info/fr/Portugal)

노동인구 역시 마찬가지다. 지난 10년간 포르투갈의 노동인구는 38만 3,000명 감소하였다. 이는 유럽에서 루마니아와 그리스 다음으로 많은 숫자이다. 현재 청년 100명당 노인 182명으로 엄청난 도전을 받고 있다. "이러한 현실은 앞으로 수십 년간 더욱 악화될 것이며, 국가가 노동시장에 활력을 불어넣고 사회보장제도

〈포르투갈의 구별 인구밀도〉

출처 : 프랑스 라루스 사전

를 존속할 수 있도록 이민 노동력을 유치하고 노동자를 유지하기 위한 정책을 펼쳐야 한다."고 〈Publico〉는 강조한다.

사실 포르투갈 인구는 1990년대 초반 이후 한동안은 감소하지 않았다. 자연수지가 2007년에 한 번 마이너스를 기록하였지만 곧 이민 인구로 보충되었다. 그러다가 2011년 이후에 하강 국면을 맞이하였다. 이는 스페인 접경 내륙지역에서 더욱 뚜렷하게 나타났지만 리스본을 비롯한 대서양 연안지역은 전혀 그렇지 않았다.

다음 표는 포르투갈 인구의 100년간(1950~2050년)의 중위연령을 보여준다. 중위연령이란 전체 인구를 연령순으로 일렬로 배열했을 때 한가운데 위치한 사람의 나이이다. 따라서 이 나이를 기준으로 절반은 어리고 절반은 나이가 많다. 이 데이터는 인간개발지수(Human Development Index), 출산율 및 노동인구 비율을 계산하는 데 사용된다.

2025년 포르투갈 인구의 중위연령은 48세로 굉장히 높을 것으로 예상된다. 가장 노령화된 지역은 올레이로스의 카스텔로 브랑코, 알쿠팀의 파로, 알메이다의 가르다이고, 가장 젊은 지역은 히베이라 그란드와 아조레스의 라고아, 산타크루스의 마데이라이다.

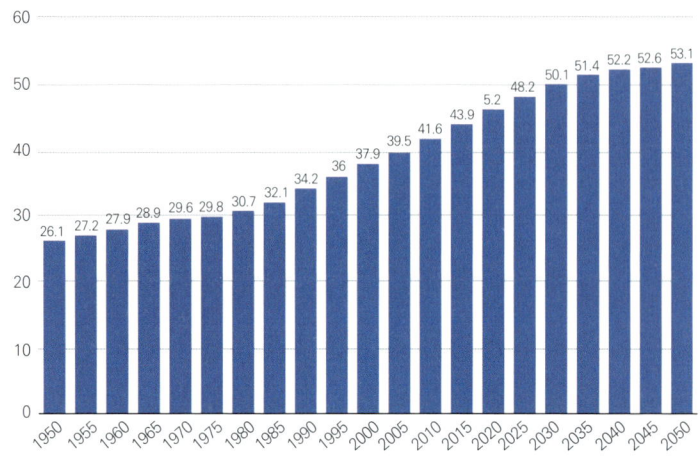

〈포르투갈의 중위연령 변화(1950~2050년)〉

출처 : Statista 2023
(https://fr.statista.com/statistiques/717759/age-median-de-la-population-portugaise/)

포르투갈은 오랫동안 국민들이 해외로 떠나는 것을 넋 놓고 바라보아야 하였다. 포르투갈의 현재 실업률은 7.16%이지만 경제위기가 한창인 2011년부터는 증가하기 시작하여 2013년에는 16.18%까지 올라갔었다. 이 3년 동안 포르투갈인 30만 명 이상이 일자리를 찾아 해외로 떠났다. 또한 수십 년간 농촌인구의 이탈은 인구 고령화와 토지의 황폐화를 촉진시켜 농촌 경제를 파탄으로 몰고갔다. 정부는 이에 대한 대책으로 최근 몇 년간 여러 정책을 선보였다.

그중 가장 눈길을 끈 것은 '레그레사(Regressar: 귀환)' 프로그램이다. 이는 해외로 떠난 국민들을 포르투갈로 다시 불러들이는 정책이다. 지난 2018년 안토니우 코스타(António Costa) 총리는 레이리아구 바탈하에서 열린 제22차 사회당 전국대표대회 폐막 연설에서 "1960년대 이후 가장 많던 포르투갈 인구가 2010년에서 2015년 사이에 해외로 빠져나갔다. 이들이 다시 포르투갈로 돌아오도록 특별한 여건을 조성하여야 한다."라고 힘주어 말하였다. 그는 또한 "정부 예산의 우선순위는 젊은이들의 귀환을 장려하는 프로그램에 할애하여야 한다."라고 덧붙였다.

이 프로그램은 귀환자들에게 더 유리한 세금 혜택과 포르투갈로 일자리를 찾아 들어온 이민자와 가족을 위한 재정 지원, 그리고 기업의 투자를 장려하기 위한 신용 회선과 같은 구체적인 조치를 담고 있다.

정책 실무를 담당하는 부처는 정부 당국과 연계하여 포르투갈 디아스포라에게 이 프로그램을 전파하고 귀환 절차를 간소화하여 실행과 연관된 모든 의심을 제거할 수 있게 'Ponto de Contacto parao Regresso do Emigrante(이민자 귀국을 위한 연락처)' 157개의 조직을 전국에 설치하였다.

한편, 미구엘 폰테스(Miguel Fontes) 노동부 장관은 스위스, 프랑스, 영국 등을 돌며 재외국민이 귀환할 수 있게 '레그레사' 정책 홍보를 열심히 하고 있다. 그는 "우리는 고국을 떠난 사람들을 유인하기 위하여 모든 노력을 기울이고 있습니다. 여러분은 경제가 좋지 않던 시절 우리 노동시장에서 기회를 찾지 못하였지요. 그러나 지금은 실업률이 매우 낮아요. 경제가 성장하고 있고 우리는 여러분을 통합할 수 있는 프로젝트를 가지고 있습니다."라며 포르투갈로 다시 돌아올 것을 호소하였고 이는 상당한 반향을 일으켰다. 그 결과 약 15,500명이 귀환 신청을 하였고 이 중 72%인 11,200명이 이미 승인을 받은 상태다.

한국만큼 세계 곳곳에 디아스포라가 흩어져 있는 나라도 없다. 인구감소 시대, 이민정책을 세워 외국인을 불러들여 위기를 돌파하는 것도 중요하지만, 그에 앞서 '레그레사'와 같은 정책으로 재외국민의 귀환을 장려하는 것 또한 매우 중요하다고 생각한다.

이민자와 난민 수용으로 인구감소 돌파

이민자 문제로 찬바람이 부는 유럽 대륙이지만 순풍이 부는 곳이 있으니, 그곳이 바로 이베리아반도의 포르투갈이다. 이 나라는 인구감소를 돌파하고 휴머니스트 국가로 자리매김하기 위하여 이민자를 자국으로 끌어들이고 있다.

지난 2018년 5월 안토니우 코스타(António Costa) 총리는 사회당 전당대회에서 "우리는 더 많은 이민자가 필요하다. 따라서 그 어떤 외국인 혐오 연설도 용납하지 않겠다."라고 정치권을 향하여 선언하였다. 이에 당원들은 박수갈채를 보냈다. 그는 또한 같은 해 6월 몰타의 발레타(Valette)항에 도착한 인도주의 선박 '라이프라인(Lifeline)'에 탑승한 234명의 난민자 중 24명을 수용하겠다고 앞장서서 발표하였다.

마누에우 두스 산토스(Manuel dos Santos)재단에 따르면 고령화와 저출산으로 위기에 몰린 포르투갈이 안정적인 노동력을 유지하기 위하여서는 매년 75,000명의 신규 이민자가 필요하다. 최근 관광업의 호황과 외국인들의 부동산 투자 덕분에 경제성장을 재촉하고 있지만 그 속도는 더디다. 이유는 숙련된 노동력이 부족하기 때문이다.

따라서 코스타 정부는 포르투갈어를 구사할 줄 아는 외국인 학생이나 기업가가 포르투칼에 스타트업을 설립할 경우 그들의 비자 절차를 간소화하는 법령을 마련하였다. '혈통주의' 문화전통이 강한 포르투갈이지만 이민자 수용을 위하여 이를 2018년부터 과감히 완화한 것이다.

외국인 자녀는 부모 중 한 명이라도 이 나라에 2년 이상 거주하면 국적을 받을 수 있다. 이전에는 5년 이상 체류하여야 가능하였다. 국내의 상업 및 의료 서비스에서 인종 차별을 금지하는 법률도 제정하였다. 이민고등판무관(ACM)의 페드로 칼라도(Pedro Calado)에 따르면 포르투갈에 거주하는 외국인들이 창업할 가능성은 포르투갈 사람들보다 여섯 배나 더 높다.

이러한 우호적인 정책 때문일까? SEF(Serviço de Estrangeiros e Fronteiras: 외국인 및 출입국 서비스)가 발표한 자료를 보면 2019년 포르투갈에 거주하는 외국인은 22.9%나 증가하였다. 이 비율은 역대 최고였다. 2022년 포르투갈에 등록된 외국인 수는 757,252명으로 7년 연속 증가하였고 이는 2021년보다 58,365명(8.3%) 더 늘어난 것이다.

이 중 브라질인은 2021년보다 28,444명(13%) 증가한 233,138명으로 가장 많다. 외국인 3명 중 1명이 브라질인 셈이다. 인도인도 30,251명에서 34,232명으로 10% 이상 증가하여 포르투갈에서 네 번째로 큰 커뮤니티가 되었다. 네팔인은 23,441명으로 중국인의 뒤를 잇는다. 그밖에 카보베르데, 앙골라 출신들이 눈에 띈다.

이처럼 포르투갈에 체류하는 외국인 중 80%는 유럽권 이외의 지역 출신이다. 이들은 수도 리스본과 최남단 해안에 위치한 알가르브(Algarve) 지역에 주로 살고 있다. 이 지역은 국제공항, 고속도로 및 철도 인프라를 갖추고 있어 접근성이 매우 좋다.

한편, 포르투갈은 이미 지난 2017년 1월 유럽위원회가 제안한 유럽 난민 재배치 프로그램에 자발적으로 참여하고 있다. 앞으로 아프리카와 중동국가로부터 최소 5만 명의 난민을 수용할 예정이다. 이미 2015년부터 2017년까지 진행된 프로그램에서는 1,552명을 수용하여 독일, 프랑스, 스웨덴, 네덜란드, 핀란드에 이어 6위를 차지하였다.

〈포르투갈 거주 외국인 상위 10개국〉

국가명	외국인 수(명)
브라질	233,138
영국	36,639
카보베르데	35,744
인도	34,232
이탈리아	33,707
앙골라	30,417
프랑스	27,614
우크라이나	26,898
루마니아	23,967
네팔	23,441
합계	505,797

출처: The Portugal News, 2023년 1월 17일

난민을 앞장서서 받아들이는 이유는 포르투갈 정부가 가치로 내거는 '유럽연대' 개념과 관계가 있다. 지난 10년 동안 포르투갈은 위기를 겪으면서 다른 유럽 국가들로부터 많은 도움을 받았다. 이주 위기에 관해서도 마찬가지다. 그러나 아쉽게도 포르투갈은 망명 신청자들의 최종 목적지가 아니다. 국제앰네스티에 따르면 최근 포르투갈에 도착한 난민 1,000명 중 720명이 이미 포르투갈을 떠났다.

시리아 다마스쿠스 출신인 스물여덟 살의 모하마드 아부 라스 (Mohamad Abou Ras)는 2016년에 포르투갈로 이주하였다. 시리아에서 법학을 전공한 그는 리스본대학에서 경영학을 공부하여 페이스북과 왓츠앱을 운영하며 망명 신청자들에게 포르투갈에 대한 정보를 제공하고 있다.

그에 따르면 포르투갈은 독일이나 프랑스처럼 이주민을 위한 잘 정립된 커뮤니티가 없어 문제가 많다. 라스는 "포르투갈 사람들은 친절하고 개방적이어서 이곳이 살기에는 좋다. 하지만 난민을 위한 '진정한 환영전략'이 없기 때문에 어려움이 적지않다."라고 지적하였다.

그는 "제가 이용한 이주 프로그램에서는 무엇이 지원되는지, 우리의 권리가 무엇인지, 스스로 하여야 할 일이 무엇인지에 대하여 명확히 알려주지 못한다. 또한 기회와 일자리를 찾는 것도 어렵다."라고 덧붙였다.

이런 문제를 바로잡기 위하여 2024년 5월 포르투갈 정부는 고용주와 일자리를 찾는 난민 모두가 사용할 수 있는 다국어 플랫폼인 'Refujobs'를 출시하였다. 이 플랫폼은 난민들의 전문 기술을 향상시킬뿐만 아니라 포르투갈 기관과 기업에서 제공하는 취업 기회를 홍보하는 역할을 한다.

〈난민고용 플랫폼 'Refujobs' 로고〉

이민고등판무관인 칼라도는 "아직 어떤 유럽 국가도 '통합의 챔피언'이라고 주장할 수 없다. 따라서 포르투갈이 나서서 그렇게 해 보려고 한다."라고 힘주어 말한다. 이민과 난민 수용에 후발주자로 뛰어든 포르투갈에게 갈 길은 멀게 느껴진다. 하지만 단호한 의지를 보이는 이 나라의 행보에 기대를 걸어 보고 싶다.

시골정착 지원금

'트라발하르 노 인테리어(Trabalharno Interior)': 내륙에서 일하기

　남유럽에 위치한 포르투갈은 영토 9만 2천 391㎢에 1천만 명 남짓한 인구가 살고 있는 작은 나라이다. 인구밀도는 ㎢당 111.3명이지만 지역에 따라 그 분포는 큰 차이를 보인다. 해안 지역은 인구밀도가 높고 남쪽을 제외한 내륙지역은 텅 비어 있다. 특히 인구의 4분의 1이 수도 리스본(Lisbon)에 살고 있고 북부의 해안 도시 포르투(Porto)에는 130만 명이 살고 있으니 포르투갈 전체 인구의 40%가 이 두 지역에 모여 있는 셈이다.

　반면에 내륙은 인구밀도가 희박하다. 포르투갈 정부는 이 격차

〈큰 차이를 보이는 포르투갈의 해안과 내륙지역의 인구밀도〉

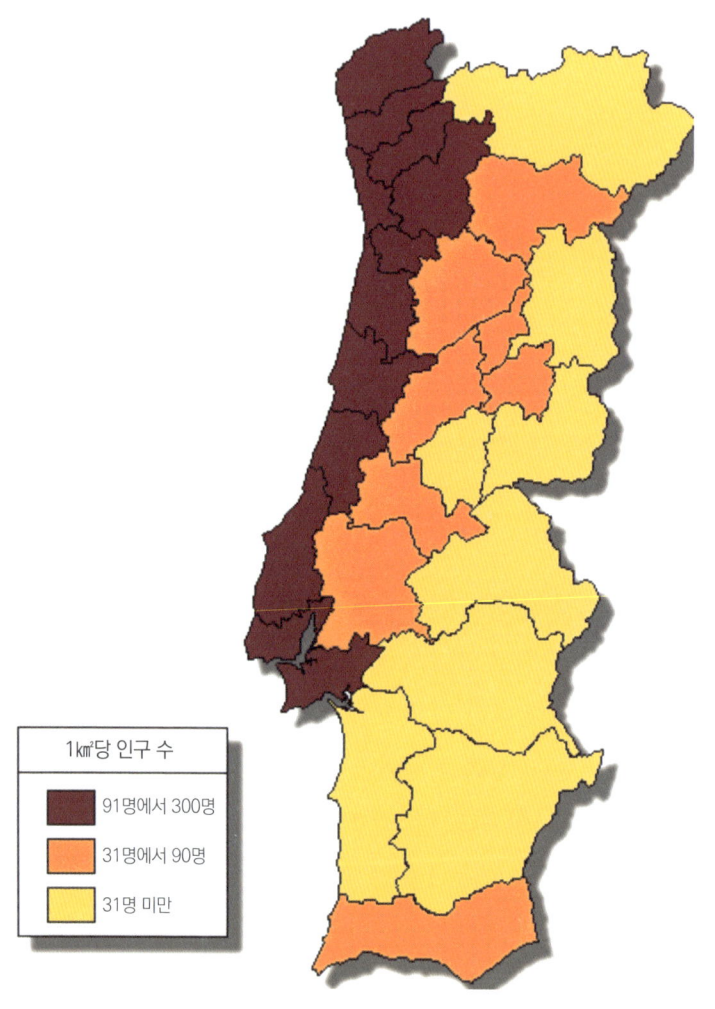

(출처 : portugalmania.com)

를 줄이기 위하여 지난 2020년 대책을 강구하였다. 내륙에서 일하기 프로그램인 'Trabalhar no Interior(트라발하르 노 인테리어)'가 그것이다.

포르투갈 내륙의 사막화와 지역 불균형을 막기 위하여 해안과 주요 도시에서 내륙으로 이주하려는 사람들, 그리고 그곳에서 직장 생활을 시작하는 젊은이들에게 최소 2,600유로(약 374만 원)에서 최대 4,800유로(약 691만 원)를 지원한다. 이 금액은 가구원 수에 따라 인상되며 최대 878유로(약 126만 원) 한도 내에서 이사 비용도 지원된다.

신청 자격은 실직자 또는 새로운 일자리를 찾고 있는 사람이면 된다. 수혜자는 최소 1년 이상의 정규직 계약을 맺어야 하며, 직접 일자리를 창출할 경우도 가능하다. 신청서는 고용 계약 체결 또는 자체 일자리나 회사 설립 후 90일 이내에 제출하여야 한다.

이 정책은 근로자에 대한 지원 외에도 기업을 위한 지원책을 포함하고 있다. 기업은 실직자를 고용할 경우 일자리 창출 지원금을 25% 추가하여 받을 수 있다. 또한 인구 밀집도가 낮은 지역에 13개의 퀄리꽈(Qualifica: 자격) 교육센터를 신설하여 해당 지역에서 진행되는 교육 과정에 대한 규정을 완화하고 있다.

안토니우 코스타(António Costa) 총리는 이 프로그램을 시작하면서 "단결은 내부적으로 이루어져야 하는 전투"라며 "국토 통합은 대외 경쟁력을 강화하기 위한 필수 조건이다."라고 밝혔다. 아나 멘데스 고디뉴(Ana Mendes Godinho) 사회보장노동부 장관은 언론과의 인터뷰에서 "내륙 지역으로 사람과 근로자를 유치하고 유지할 수 있도록 긍정적인 정책으로 직원과 기업을 지원하여 격차를 메울 것"이라고 설명하였다.

 포르투갈 정부는 지난 2021년 12월 이 프로그램을 외국인 및 재택근무자에게 확대하는 조례를 발표하였다. 개정안은 법안 적용 기간이 2023년 말까지 연장되는 동시에 내륙지역에서 고용주와 근로자 간의 원격 근무 계약에 따라 근로자가 원격 근무를 제공할 경우까지 포함한다.
 국가 재택근무 네트워크는 88개 내륙지방 자치단체로 확장시켜 현재 알렌테주 내 17개 지방자치단체(오데미라, 세르파, 비데게이라, 카스텔로 데 비데, 아비스, 크라토, 엘바스, 프론테이라, 니사, 보르바, 모우라, 가비앙, 비아나 두 알렌테주 및 카스트로 베르데)와 벤다스 노바스, 알비토 및 알터 두 차오를 포함시켰다.

 게다가 2015년 12월 31일 이후에 포르투갈을 떠나 최소 1년 동안 해외에 거주한 포르투갈인이 본국으로 돌아와 내륙지역에 정착하고자 하면 이들도 수혜를 받을 수 있다. 근로자가 해외에서 온 경우 지원금은 최대 7,600유로까지 올라갈 수 있으며, 이는 '레그레사(Regressar: 귀환)' 프로그램과 교차된다.

포르투갈 노동연대사회보장부(MTSSS)에 따르면 이 프로그램이 시행된 이후 1,119명이 내륙으로 이주하였다. 이 중 50%가 구아르다(Guarda), 카스텔루 브랑쿠(Castelo Branco), 포르탈레그르(Portalegre) 및 에보라(Évora) 지역으로 이주하였다.

포르투갈 내무부에 따르면 신청자 중 772명은 직원으로 일할 계획이며 350여 명은 자신의 직업이나 회사 설립을 목표로 하고 있다. 교육부는 이 인센티브를 통해 "내륙지역으로 시민들의 지리적 이동을 지속적으로 도모하길 희망한다."라고 발표하였다.

이처럼 포르투갈은 내륙의 사막화와 지역 불균형을 막으려고 모든 부처가 총동원되어 안간힘을 쓰고 있다. 그러나 우리는 어떠한가? 일부 지역에서는 자기 마을로 살려고 들어온 사람들에게 마을 발전기금을 내라고 강요하여 갈등을 빚고 결국은 떠나게까지 만들고 있다. 세계의 많은 나라에서는 과소지역으로 이주하면 환영을 받으며 돈까지 지원받는데 우리나라에서는 정반대의 현상이 벌어지고 있으니 참으로 안타까운 일이다.

지방소멸, 세계를 가다

이탈리아

저출산으로 벼랑에 몰린 이탈리아

정부는 '슈퍼수당' 등 특단의 대책 마련 중

로코(Rocco)는 형제가 없다. 자매도 없다. 아이가 사라지고 있는 이탈리아의 풍경이다. 이 나라는 하루에 약 400명의 인구가 줄고 있다. 제1차 세계대전 이후 처음 있는 일이다. 65세 이상 노인인구는 21.4%로 유럽 평균 18.5%보다 높은 수치이다. 일간지 〈일 포글리오(Il Foglio)〉는 이 총체적 난국을 '멸종하는 민족 이탈리아인들'이라고 묘사하였다.

〈이탈리아의 인구 변화 추이와 전망〉

(단위: 천만)

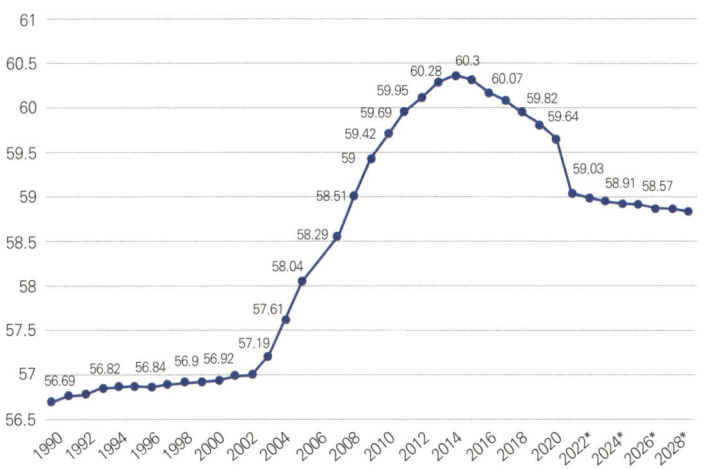

출처: Statista Research Department

　가족이 많은 이탈리아의 모습은 오래전에 지워졌다. 1970년대 후반부터 여성 1인당 출산 자녀 수는 2명 이하로 떨어졌으며 현재는 1.24명으로 또다시 감소하였다. 영화 '어제, 오늘, 내일 (IERI, OGGI, DOMANI)'에서 형무소에 끌려가지 않기 위하여 영구 임신 중인 소피아 로렌의 이미지는 이제 고문서 속에서나 찾을 수 있다. 영화의 배경이 된 남부의 출산율도 이제는 북부와 마찬가지로 저조하다. 아이들의 요람이었던 오스트리아 국경지역 볼차노(Bolzano) 역시 그러하다.

15세 미만의 비율은 이탈리아 인구의 약 14%에 불과하다. 설상가상으로 사망률까지 증가하고 있다. 2015년 이탈리아는 전년보다 약 6만 명(10%)이나 더 많은 사망자를 기록하였다. 이 반도 국가의 사망률이 급격히 증가한 것은 제1차 세계대전과 제2차 세계대전 때뿐이었다.

다니엘라 비치노(Daniela Vicino)는 시칠리아의 초등학교 교사이다. 30년 전 그가 칼타기론(Caltagirone)에서 처음 교편을 잡았을 때 학급당 학생 수는 30명이었다. 그러나 지금은 출산율 하락으로 학생이 절반으로 줄었다. 비치노는 AFP통신과의 인터뷰에서 "이는 참으로 안타까운 일이다."라고 애석해하였다.

이탈리아는 오랫동안 유럽에서 가장 낮은 출산율을 기록하여 왔다. 코로나19는 이를 더욱 악화시켰다. 2020년 이탈리아 인구는 40만 명이나 줄었다. 이는 피렌체 전체 인구와 거의 맞먹는다. 게다가 이민자도 정체된 상태이다. 따라서 세금을 내는 성인의 숫자는 곧 감소할 것으로 예상되어 노령 인구의 생활수준을 지탱하려면 이탈리아 정부는 곤경에 처하게 될 것이다.

"아이들이 없는 이탈리아는 서서히 사라지는 이탈리아입니다." 프란체스코 교황이 참석한 로마 '출산 총회'에서 전 유럽중앙은행

(ECB) 총재가 한 말이다. "오늘날 이탈리아인의 절반은 유럽에서 가장 높은 중위연령인 최소 47세입니다."라고 그는 덧붙였다.

출산율 감소는 일부 지역에 큰 타격을 주고 있다. 칼타기론이 그 대표적인 사례이다. 화려한 도자기와 바로크 건축으로 유네스코 유산에 등재된 이 도시는 지난 10년간 출생아 수가 532명에서 265명으로 반토막이 났다.

칼타기론의 전 시장인 프랑코 피냐타로(Franco Pignataro)는 "이는 전반적인 경제 하락과 관계가 있다. 젊은이들은 일할 기회가 없기 때문에 칼타기론을 집단으로 떠나고 있다."라고 그 원인을 설명하였다. 이 도시에 사는 27세의 루카 지아르마나(Luca Giarmana)는 고등학교 동창 30명 중 27명이 대도시로 떠나는 모습을 지켜보아야 하였다. "이는 지난 20년 동안 전반적인 경제 쇠퇴, 취업과 안정적인 생활 확보의 어려움 등 가정을 꾸리기 위한 필수 조건과 관련이 깊다."라고 그 역시 말한다.

국립통계연구소(Istituto nazionale di statistica)는 이러한 추세가 앞으로도 계속될 것이라고 전망하고 있다. 이 심각한 위기 앞에 이탈리아는 어떻게 할 것인가. 아무것도 하지 않으면 GDP는 무너지고 복지와 연금제도는 지속가능하지 않게 된다. 이 연구소 소장 지안 카를로 블란지아르도(Gian Carlo Blangiardo)는 근로시간,

특히 여성을 위한 실질적인 가족 지원을 위한 여건을 조성하기 위하여 정부와 기업이 협력할 것을 촉구하고 나섰다.

지난 2021년 2월 마리오 드라기(Mario Draghi) 총리는 취임 연설에서 "이탈리아의 가장 심각한 문제는 출산율 저하"라고 지적하며 더 많은 보육, 직장 여성들을 위한 원조, 젊은 부부들을 위한 주택 대출 지원 등을 약속하였다. 그는 자녀 1인당 250유로(약 35만 원)의 '슈퍼수당'을 시행하기로 결정하였다. 임신 7개월부터 21세까지 자녀 1인당 가족 수당을 받게 된다. 또한 자녀가 있는 가정을 더 지원하고 충분한 육아 휴직을 도입하기 위한 법안을 추진하고 있다. 고무적인 일이다. 하지만 이 정책들이 효과를 나타내려면 앞으로 몇 년을 기다려야만 한다.

이탈리아보다 출산율이 훨씬 낮은 한국은 지금 무엇을 하고 있는지 묻지 않을 수 없다. 지방소멸기금 등 온갖 보조금을 쏟아부어 출산율을 높이려는 시도도 중요하지만 무엇보다 사람 살기 좋은 환경을 만들어 이 문제를 풀지 않으면 안된다. 저출산 문제를 보다 심각하게 받아들이고 근본적인 처방전을 내놓아야 할 때이다.

텅 비어가는 남부 지방

이탈리아 제1의 문제, 그것은 남북의 간 격차이다. 이는 일찍이 조르지오 나폴리타노(Giorgio Napolitano) 전 대통령도 인정하였다. 유럽에서 가장 번영하는 북부지역과 뒤쳐진 메조지오르노(Mezzo giorno). 후자는 사르데냐뿐만 아니라 양 시칠리아 왕국의 일부였던 8개 지역을 포함한다. 이곳은 개발이 매우 정체되고 1인당 평균 소득은 북쪽의 절반에 불과하며 34세 미만의 청년 실업은 50%에 육박한다. 이는 이탈리아 평균 실업률을 크게 뛰어넘는 수치이다.

스비메즈(Svimes: 메조지오르노 산업개발협회)연구소의 연례 보고서에 따르면 북부와의 격차는 계속 더 벌어지고 있다. 중부 및 북부지역의 GDP가 0.9% 상승하였을 때 남부지역은 오히려 0.2% 감소하였다. 2002년 이후 남부를 떠나 북부나 해외로 이주한 사람은 2백만 명이 넘는다. 2017년 한 해만 하여도 남부를 포기한 사람은 132,187명이며, 이 중 절반은 34세 미만의 젊은이들로 33%가 대학 졸업자이다. 전문가들은 이 현상의 주요 요인을 메조지오르노의 일자리 부족과 도로, 학교, 사회 서비스 등 인프라 부족으로 진단한다.

같은 기간에 남부로 들어온 인구는 1만여 명에 지나지 않으며, 이들 대부분은 노년층이다. 유출에 비하여 유입 인구 숫자도 적

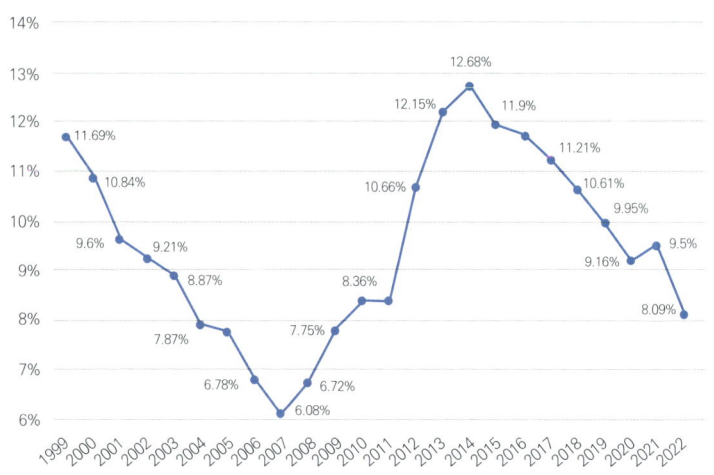

〈1999년~2022년 이탈리아의 실업률〉

출처 : statista 2023

기 때문에 남부의 인구 잔액은 여전히 마이너스이다. 이 추세는 5,000명 미만의 지자체에서 더욱 가속화되고 있다. 이탈리아 정부는 대응책으로 국적에 상관없이 퇴직자가 남부의 작은 도시에 정착하면 7%의 대체세를 주는 미니 소득세를 도입하였다.

아울러 주세페 콘테(Giuseppe Conte) 총리는 지난 2020년 2월 14일 이탈리아 남부와 북부 사이의 불평등을 줄이기 위하여 10년 장기계획을 발표하였다. 이 '남 2030' 프로젝트는 교통에 투자하고 일자리 창출에 활력을 불어넣기 위한 것이다. 그는 심각한 정체를 겪고 있는 메조지오르노에 투자하기 위하여 1,230억 유로를 동원하겠다고 밝혔다.

특히 도로와 철도 등 기반시설을 개선하기 위하여 330억 달러를 투자할 계획이다. 이 일환으로 로마-레지오 디 칼라브리아(Rome-Reggio de Calabre) 노선이 신설된다. 이 노선이 개통되면 통근 시간은 3시간이나 단축된다. 이 계획은 또한 경제특구 조성을 통한 사회적 부담 경감 및 산업 발전 지원을 통해 여성의 고용을 확대할 예정이다.

한편, 교황청도 발 벗고 나섰다. 내륙지역인 아브루초(Abruzzes)와 몰리세(Molise)지역 주교회의는 플랫폼 포럼 FAARE(Forum Amministratori Aree Interne)을 발족하였다. 이미 2019년 나폴리의 캄파니아에서 유사한 아이디어가 구현되었다. 이 포럼의 주제는 '남부는 다시 시도한다'이며 젊은이들의 참여를 끌어내 메조지

〈이탈리아의 메조지오르노 지역(갈색 부분)〉

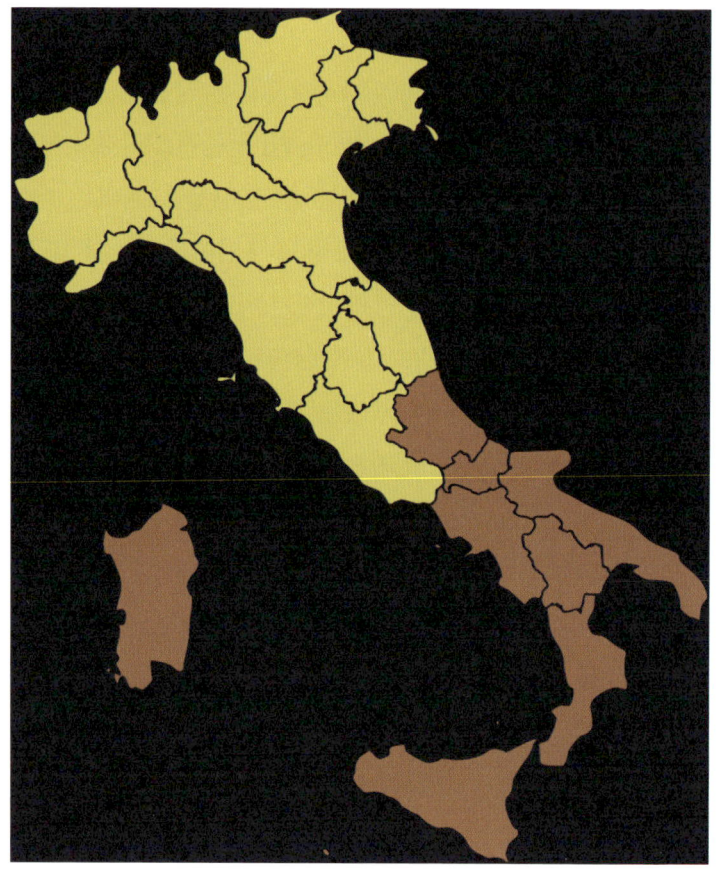

출처: 위키피디아

오르노 지역에 활력을 불어넣기 위한 전략이다. 참가자들은 '계속, 도전'이라는 주제를 중심으로 교류하며 국토 통합을 강화하기 위한 프로젝트를 공유하기 위하여 다른 온라인 회의도 병행한다.

이탈리아는 이미 '인구학적 혹한'을 겪고 있다. 지리학적으로 불리한 남부 내륙은 더욱 심각하다. 이 지역은 인프라와 사회 경제적 여건 외에도 뒤처진 이탈리아를 상징적으로 대표한다. FAARE는 과도한 경쟁을 피하고 여론을 더 경청할 수 있는 방법으로 이 문제에 대한 객관적인 정보를 모아 사이트에 업데이트하고 있다.

이 포럼은 지역의 쇠퇴에 보다 체계적인 관심과 주의가 필요함을 강조하고, 이탈리아의 운명을 진심으로 걱정하는 사람들과 대화를 제도적으로 발전시켜 나가는 것이 목적이다.

주교들은 콘테 총리를 만나 지역 주민들이 공공정책의 중심에 다시 설 수 있는 다리가 되어야 함을 일깨웠다. "우리는 희망을 품을 수 있길 원한다."라고 이들은 말한다. 이 계획이 "우리 땅을 위한 선한 과정의 시작이 될 것이라 하였으니 이는 많은 결실을 맺으리라." 삶의 진리를 간파하게 하는 성경의 한 구절을 연상시킨다.

인구 유치 경쟁에 나선 지자체들

이탈리아 남부 소도시에서는 주민의 3분의 1이 다른 지역으로 빠져나가고 있다. 이는 비단 남부에만 한정되지 않고 북부도 마찬가지이다. 텅 빈 마을, 버려진 집들은 도시를 공동화, 유령화시킨다. 이 스산한 장막을 걷어내기 위하여 지방정부들은 독창적인 아이디어를 내놓고 있다. 그 중 하나가 1유로 주택정책이다. 에스프레소 한잔 값으로 정말 집을 살 수 있을까?

사실 1유로 주택은 2013년 영국 리버풀(Liverpool)에서 시작되었다. 당시 리버풀은 부동산 투기를 피하면서 수년 동안 방치된 지역을 재활성화하는 방법으로 1유로에 집을 파는 프로젝트를 고안하였다. 이 정책은 바다를 건너 프랑스 북부 루베(Roubaix)로 들어갔고 그 후 유럽 여기저기로 퍼져 나갔다.

이 유행 모드에 이탈리아도 올라탔다. 2023년 이 정책을 펼치는 지자체는 타란토, 페티네오, 프라톨라 펠리냐, 칼타기론 등 10여 지역에 달한다. 파격적인 가격에 부동산을 팔아 마을을 더욱 매력적으로 만들어 사람들이 이 동네를 거주지로 선택할 수 있게 하는 것이 목표이다.

획기적이고 재미있는 아이디어임에 분명하다. 하지만 함정은 없는 것일까? "이 세상에 공짜만큼 비싼 것은 없다."라는 말이 있다. 이 경우도 그런 것은 아닐까? 사실 집을 1유로에 판다면 그 집의 상태는 매우 좋지 않을 것이다. 따라서 구매자들은 이 집을 사면 개보수에 엄청난 비용을 지불하여야 할 것이다. 게다가 이들은 이 집을 상주용으로 구매할까?

이에 대하여 남부 테오라(Teora)의 스테파노 파리나(Stefano Farina) 시장은 "우리는 이미 이는 근본적인 대안이 아니라고 1유로에 빈집을 파는 이탈리아 지자체에 여러 번 이야기하였다. 나는 이 정책을 믿지 않는다. 1유로에 집을 판다고 해서 마을에 인구가 증가하지 않는다. 왜냐하면 이 집을 산 사람들은 일 년에 한두 달 휴가를 보내러 와서 사용하기 때문이다. 그건 답이 아니다."라고 CNN과의 인터뷰에서 꼬집었다.

그는 다른 해결책을 내놓았다. 새로운 주민이 테오라의 빈집을 임대하면 2년 동안 매월 150유로를 지원해 주는 정책이다. 집을 구매할 경우는 5,000유로를 지원해 준다. 단, 여기에는 몇 가지 조건이 있다.

첫째, 구매자는 최소 3년간 테오라 시에 살아야 한다. 둘째, 구매 또는 임대 시 최소한 한 명의 자녀가 있어야 한다. 왜냐하면 주민이 되어 아이들을 학교에 입학시키는 것이야말로 마을에 새로운 활력을 불어넣기 때문이다.

테오라의 시장은 "아이들은 미래이고, 새로운 가정은 축소되고 있는 우리 공동체의 기반이 될 것이기 때문에 아이가 있는 사람들을 선호한다."라고 강조하였다.

1980년 지진으로 인해 인구가 크게 감소한 테오라 시는 최근

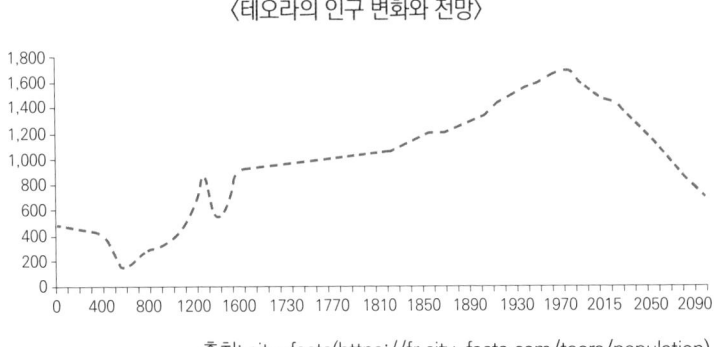

〈테오라의 인구 변화와 전망〉

출처: city-facts(https://fr.city-facts.com/teora/population)

들어 사망률이 출산율을 상회하면서 더욱 위기에 빠졌다. 이 추세가 계속된다면 2050년부터는 중세 시대의 인구 규모로 되돌아가게 된다. 따라서 시장은 이 부정적인 추세를 반전시키려고 안간힘을 쓰고 있다.

테오라 시가 구매자들을 유인할 수 있는 것은 이 지역의 부동산 가격이다. 이곳의 평균 임대료는 한 달에 200유로이다. 따라서 세입자는 보조금에 50유로만 보태면 집세는 해결된다. 구매의 경우도 마찬가지이다. 보통 여기서 집 한 채는 30,000유로이다. 따라서 보조금 5,000유로는 상당한 의미를 가진다. 파리나 시장에 따르면 테오라의 집들은 1유로짜리에 비하여 상태가 양호하여 큰 보수공사가 필요 없다.

테오라는 오두막, 초가집을 가리키는 라틴어 투구리움(tugurium)에서 유래한 녹색의 마을이다. 캄파니아주 이르피니아 지역에 위치하여 계곡이 많고 푸르른 풍경이 펼쳐져 있다. 이 지역의 강점은 오판토 강의 지류인 피미첼로와의 접근성이 매우 좋다는 것이다.

한편, 이탈리아의 아름다운 마을 산토 스테파노 디 세사니오(Santo Stefano di Sessanio)는 보다 획기적인 정책을 제시하고 나섰다. 새로 이주하여 오는 사람들에게 임대료와 창업비를 주는 것이다. 그란사소(Gran Sasso)의 아름다운 국립공원이 있는 해발

1,250m의 이 마을에는 현재 115명의 주민이 살고 있다. 절반은 은퇴자이고, 13세 미만의 아이들은 20명 정도 밖에 지나지 않는다. 이 마을은 새로운 주민들을 서둘러 유치하여야 하였다. 파비오 산타비카(Fabio Santavicca) 시장은 발 빠르게 움직이면서 CNN과의 인터뷰에서 "우리는 마을이 계속 유지될 수 있도록 최선을 다하고 있다."라는 말을 하였다.

그러나 모든 사람이 이 마을의 제안을 받을 수 있는 건 아니다. 먼저, 이탈리아 거주자이거나 이탈리아 거주자가 될 수 있는 사람이어야 하며, 40세를 넘으면 안된다. 또한 최소 5년 동안 이 마을에 거주하여야 한다. 이 기준이 충족된다면 제안은 꽤 매력적이다. 산토 스테파노 디 세사니오 시의회는 신규 거주자의 월세를 3년간 최대 8,000유로까지 지원하고, 회사를 설립할 경우는 최대 20,000유로까지 제공한다.

이처럼 인구 유치를 위한 이탈리아 지자체들의 경쟁은 각양각색이고 치열하다. 다만 이 세상에 완벽한 제도는 없기에 이들이 제시하는 정책들은 시행착오를 겪을 것이 분명하다. 그 과정에 살아남는 정책, 도태되는 정책이 분명 나올 것이다. 그러나 이런 부단한 시도를 거듭하는 한 이탈리아에는 여전히 희망이 있다.

지방소멸, 세계를 가다

아일랜드

증가하는 인구와 동·서 격차

2021년 8월 31일, 〈아일랜드 타임즈〉는 기쁜 소식을 전하였다. "19세기 중엽 대기근으로 감소한 인구가 드디어 회복되었다."는 것이다. 이 해 아일랜드의 인구는 501만 명으로 전년도의 497만 명에 비하여 4만 명이 증가하였다. 이 정도 가지고 무슨 호들갑이냐고 할 수도 있겠지만 아일랜드의 경우는 다르다. 연간 3만~4만 명의 꾸준한 인구 증가로 결국 500만 명을 돌파한 것이기 때문이다.

1841년 아일랜드의 26개 카운티에는 약 7백만 명이 살았다. 하지만 1845년에서 1852년까지 8년간 계속된 대기근으로 100만 명이 사망하였고, 가난과 실업에서 벗어나고자 약 100만 명은 영국, 미국, 호주로 떠났다. 대량 이주는 그 후로도 계속되어 1968년 아일랜드 인구는 280만 명에 불과하였다. 다행히 이 나라의 경제 사정이 호전되고 산업 발전이 진행되면서 1970년대 초 인구 유출의 대규모 흐름은 잦아들었다.

1990년대 중반 해외로 떠난 아일랜드인들이 귀환하면서 이주 흐름은 반전을 맞았다. 또한 오랫동안 이민의 땅이었던 이곳에 동유럽 국가들의 노동력이 유입되면서 이민자 수지는 현재 플러스를 기록하고 있다.

이렇게 아일랜드의 인구는 다시 증가 중이다. 그러나 1980년대까지 21.7%였던 출생율은 빠르게 감소하여 2020년 11.2%를 기록하였다. 같은 기간 사망률은 9.8%에서 6.5%로 감소하면서 긍정을 기록하였다. 하지만 출산율은 여성 1인당 3명에서 2명으로 감소하여 유럽 평균에 근접하고 있다.

오랫동안 아일랜드의 출산율은 가톨릭의 영향을 받아 유럽연합과는 다른 양상을 보여 왔지만 이제는 상황이 바뀌었다. 그럼에도 여전히 15세 미만의 인구 비율이 20%를 차지하고 있어 그 효과는 지속적이다.

그러나 〈더블린 신문〉은 "이 긍정적인 자연 균형은 2000년 이

후 가장 낮은 수치이기 때문에 과도하게 축하할 이유는 없다."고 경고한다. 이 속도로는 1840년대 초에 기록한 700만 명의 인구를 갱신하기 어렵다고 보는 것이다.

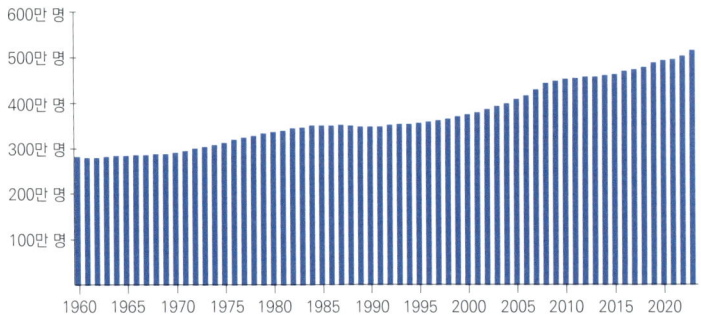

〈아일랜드의 인구 변화 추이〉

출처 : 프랑스 위키피디아

한편, 아일랜드의 인구밀도는 1㎢당 65명이고 도시화율은 60%에 불과하다. 낮은 평균 밀도 뒤에는 매우 다양한 지역적 특성이 숨겨져 있다. 서부 골웨이의 코네마라(Connemara) 지역은 개발이 덜 되고 인구 유출이 지속적임에도 불구하고 인구밀도는 1㎢당 100명으로 평균을 상회한다.

아일랜드의 무게 중심은 동쪽으로 기울어 있다. 수도 더블린에는 전체 인구의 5분의 1인 100만 명이 살고 있다. 또한 산업 고용

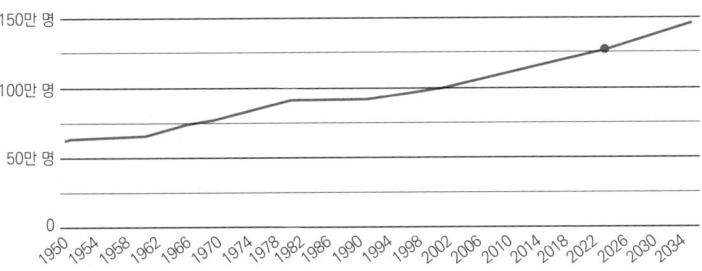

〈더블린의 인구 변화와 전망〉

출처 : https://populationstat.com/ireland/dublin

의 40%, 국가 소득의 50% 이상이 이곳에 집중되어 있다. 이 추세는 지속될 전망이다.

두 번째 큰 도시인 코크(Cork)에는 12만 명의 인구가 살고 있다. 따라서 더블린의 인구 규모와는 큰 차이를 보인다. 아일랜드의 도시 인구는 꾸준히 증가하여 60%를 차지하고 있지만 다른 유럽연합 국가들과 비교하면 여전히 낮은 상태이다.

2019년 시민사회단체 보고서에 따르면 아일랜드 인구의 30% 이상은 농촌 지역에 거주하고 있다. 이는 EU 평균인 27.3%보다 2.7% 포인트 높다. 아일랜드 인구 중 300만 명이 도시 지역에 거주하고 있으며 시골이나 외딴 지역에 거주하는 인구의 비율은 0.6% 감소하였다.

〈인구 격차가 큰 아일랜드의 동서 인구밀도〉

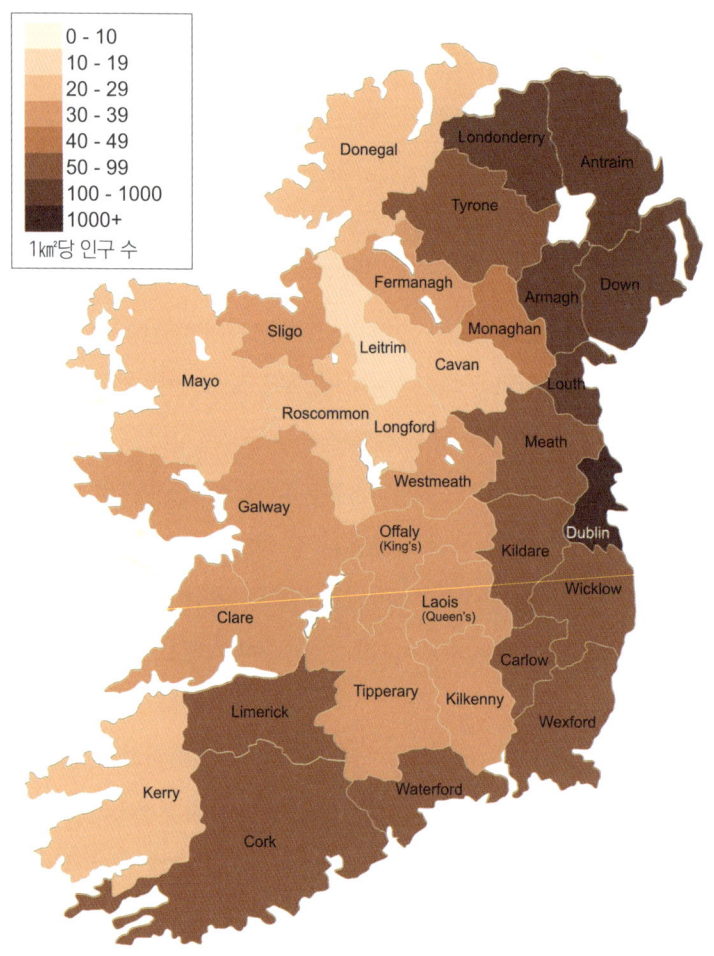

출처: IrelandMap360° https://fr.irelandmap360.com/carte-population-ireland

아일랜드의 큰 문제점 중 하나는 동-서 간의 격차이다. 서부에 살고 있는 사람들은 정부가 그간 그들을 '이류 시민'으로 취급하여 그들의 요구를 무시하였다고 강하게 느낀다. 이에 신페인(Sinn Féin)당은 만약 그들이 정권을 잡는다면, 북서부 지역의 사람들을 더 이상 '이류 시민'으로 취급받지 않게 할 것이라고 약속하고 있다.

그들은 시골지역을 전면에 내세울 여러 정책을 담은 '서부를 위한 뉴딜(A New Deal for the West)' 계획을 발표하였다. 서부를 젊은이들이 살기 좋고 일하기 좋은 곳으로 만들고 교통 인프라와 새로운 기업 전략 기지로 만들 계획이다. 학교, 우체국 및 지역 병원 같은 서비스를 유지하는 것도 핵심이 된다.

농촌 지역과의 격차를 줄이기 위하여 농촌평등법안(Rural Equality Bill)도 채택하여 균형 잡힌 방식으로 인프라 개발을 지향하는 새로운 기업 공간 전략도 세웠다. 이 법안에는 온라인 판매를 극대화하고 온라인 거래를 원하는 기업을 지원하기 위한 전자상거래 전략도 포함되었다. 또한 소규모 기업에 재정적 부양책을 제공하고 모든 아일랜드 가정과 기업이 100MB 광대역에 접속할 수 있도록 하겠다고 밝혔다.

신페인당은 또한 서부로 돌아가고자 하는 이민자 가족을 위한 농촌 정착 시범 계획, 국내 어류 쿼터 재조정, 교통망 개발 투자 등이 포함된 5,000유로의 이주 패키지(relocation package)를 제안하고 있다. 이처럼 농촌과 개발이 덜 된 서부의 산업 개발을 촉진함으로써 수도와 지방간의 격차를 완화하기 위하여 신페인당은 전면에 나서고 있다.

지나친 개발로 파괴된 농촌 복원

『아무도 멈추라고 외치지 않았다: 아일랜드 마을의 죽음(No One Shouted Stop: The Death of an Irish Town)』. 1988년 〈아일랜드 타임즈〉의 존 힐리(John Healy) 기자가 쓴 책이다. N17 도로를 타고 남쪽으로 달리면 슬라이고(Sligo)와 골웨이(Galway) 중간 동쪽에 메이요 카운티의 찰스타운(Charlestown)이 있다. 이 마을의 쇠퇴를 다룬 책에서 이곳의 사회·경제적 퇴보 사례를 분석하면서 이주가 일반적으로 농촌 사회에 얼마나 큰 영향을 미치는지를 다루고 있다. 아일랜드 농촌에 사는 사람이라면 누구나 이 책에 공감할 것이며 서부 사람이라면 더욱 그러할 것이다.

아일랜드의 서부는 13,801㎢(전체 면적의 20%)에 걸쳐 있다. 서쪽은 대서양이, 동쪽은 섀년강이 경계를 이룬다. 골웨이, 로스커먼, 슬라이고, 메이요 등의 카운티가 있고 2016년 기준으로 45만 3천명이 살고 있다. 이 중 30%만이 도시 지역에 살고 있다. 따라서 대체로 농촌에 사는 사람이 많다. 인구 1인당 GDP는 2015년에서 2017년 사이에 EU 평균의 82%에서 71%로 감소하였다. 이 지역은 낮은 생산성과 교육 수준, 취약한 기술 기반과 기업환경 등 다양한 과제를 안고 있다.

2022년 9월 유럽연합 집행위원회는 아일랜드 서부를 '지연 지역(LAGGING REGION)'으로 분류하며 동부와 지역적 격차는 EU 국가 중 가장 크다고 평가하였다. 이에 대한 대책을 세우지 않는다면 아일랜드의 모든 경제와 사회 복지는 큰 피해를 입게 될 것이라고 위원회는 경고하기도 하였다.

메이요 카운티의 마이클 킬코인(Michael Kilcoyne) 의원은 "안타깝게도 아일랜드 서부에 살고 있는 사람들은 이러한 상황을 아직 모르고 있다."라고 말한다. 로즈 콘웨이 웰시(Rose Conway-Walsh) 신페인당 의원은 정부가 서부에 '립 서비스'를 남발하고 있다고 비난한다.

그녀는 "우리는 EU와 CSO(Civil Society Organisations)로부터 여러 차례 경고를 받았다. 북서부 지역 주민들의 가처분 소득이 전국 평균을 훨씬 밑돌고 있으며, 그 격차는 10년 전보다 3배나

〈아일랜드: 서부에 슬라이고와 골웨이가 위치〉

출처 : https://www.l-irlande.com/cartes.html

증가하였다. (...). 북서부 지역을 보호하기 위하여서는 지역 개발에 대한 정부의 립 서비스가 이 지역에 대한 실질적인 투자로 전환되어야 한다."라고 강조한다.

아일랜드 동서의 격차 요인은 급진 정책의 후유증으로 볼 수 있다. 영국의 통치에서 벗어난 이 섬나라는 지나친 개발 정책을 펼쳐왔다. 그 결과 농촌 지역이 파괴되었다. 지난 50년간, 특히

1980년대 이후 추진된 산업 개발로 동부와 서부, 도시와 농촌 간의 격차를 더욱 확대되었다. 2018년 1월 발표된 보고서에 의하면 더블린 중심의 지나친 경제 활동은 국가 전체의 경제 성과에 부정적인 영향을 미치고 있다. 만약 국가가 개입하여 조정하지 않는다면 이 격차는 2040년에 더욱 크게 확대될 전망이다.

동부의 도시에 산업경제가 집중되는 현상은 최근 공공 서비스에 대한 재정 지원이 축소되고 의사 결정 권한이 농촌 지역으로부터 더 멀어지는 것과 일치한다. 우체국, 역, 학교, 응급실 등이 문을 닫고, 쓰레기 수거, 수도 서비스, 정책 수립 등 지방 당국의 통제 하에 있던 많은 공공 서비스가 중앙집권화되거나 민영화되었다.

이는 일상생활에 악영향을 미치고 있다. 농촌의 젊은이가 정규 교육을 마치면 일자리를 찾아 더블린으로 갈 것으로 예상하지만 꼭 그렇지만도 않다. 오히려 이 나라가 아닌 런던, 뉴욕, 토론토, 혹은 시드니로 인력을 빼앗길 수 있다.

자동차가 고장 나면 대중교통으로 직장이나 학교에 가야 하는데 버스나 기차가 없을 가능성이 높다. 노인들이 급하게 병원에 가야 하는 경우 구급차가 제시간에 도착한다는 보장도 없다. 마을의 파출소가 폐쇄되었으니 지역사회에서 심각한 범죄가 발생하여도 대응이 잘 안된다.

2022년 아일랜드 도시 인구는 326만 명인 반면, 농촌 인구는 182만 명에 불과하였다. 현재는 아일랜드의 도시 인구가 농촌 인구를 훨씬 앞지르지만, 1960년에는 농촌 인구가 도시 인구보다 약 30만 명 더 많았다.

역사적으로 아일랜드 농촌은 많은 혁명 운동의 중추였다. 수많은 진보적 사상가가 여기서 배출되었다. 지난 200년 동안 농촌 지역 사회는 데이빗(Michael Davitt), 오 카데인(Mairtín Ó Cadhain), 오도넬(Peadar O'Donnell), 오 플라이테아타(Liam Ó Flaithearta), 그랄튼(Jimmy Gralton) 등 아일랜드에서 가장 급진적인 공화주의

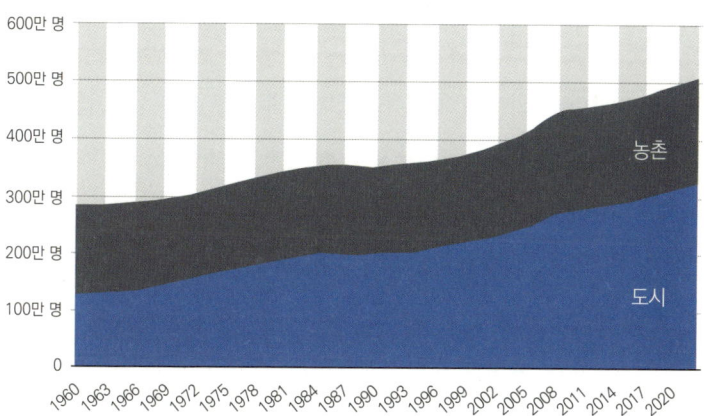

〈아일랜드의 농촌과 도시 인구 변화〉

출처 : Statista 2023 https://www.statista.com/statistics/1403779/urban-and-rural-population-of-ireland/

운동가 및 작가들을 배출하였다.

이런 농촌 공동체에 대한 올바른 이해와 경제적 진보를 위한 실질적 정책이 필요하다. 그렇지 않다면 아일랜드의 지역 불균형은 더욱 심화되고 그에 대한 해결책을 찾기는 훨씬 힘들게 된다. 슈크스미스(Mark Shucksmith) 교수는 농촌의 지속가능성을 위하여 소규모 농가를 전근대적 장애물로 보지 말고 진보적이고 탈신자유주의적인 대안으로 보아야 한다고 강조한다.

서부지역의 신페인당 대표들은 아일랜드 농촌의 생존을 위한 사투를 벌이고 있다. 거리로 나온 이들은 유럽연합의 경제 모델을 거부하고 있다. 이 모델은 아일랜드 건국 이래 공공정책을 좌우해 온 반동적이고 보수적인 이념과 모순된다. 또한 이들은 "아일랜드 공화주의자들과 혁명가들은 역사적으로 식민주의와 모든 종류의 억압에 맞서 억눌린 자, 소외된 자, 대중의 편에 서 왔다. 우리는 그 투쟁의 오른쪽에 있을 뿐만 아니라 그 투쟁을 끝까지 이끌어 갈 것이다."라고 다짐한다.

이들은 "우리가 살고 있는 경제 및 정치 시스템의 파괴적인 본질에 대항하여 아일랜드 농촌이 깨어나고 있다는 희망의 신호가 적지 않다. 로스커먼 카운티에서 잔인하게 쫓겨난 한 농가를 지원하기 위하여 모인 사람들, 정화조 요금 반대 캠페인, 가정용 잔디 깎기 금지에 반대하는 시위, 공공 인프라에 대한 투자와 지역 서비스 유지를 요구하는 다양한 운동은 지역 사회가 직면한 위협을 인식하고 생존을 위하여 투쟁할 준비가 되어 있는 사람들이 많다는 것을 의미한다."며 용기를 잃지 않는다.

한편, 신페인당은 지속적으로 농촌 보강법 제정을 촉구하여 왔다. 당의 서부 뉴딜 계획안에는 상향식 협동조합의 확대, 서비스의 유지 및 확장, 공항, 심해항, 도로 개량 등 주요 서부 기반 시설에 대한 투자, 귀환이민자(디아스포라) 농촌 정착제도의 도입, 민간 기업의 이윤에 좌우되지 않도록 모든 주요 공공서비스에 대한 공공소유권의 유지 등이 포함되어 있다.

같은 당의 크리스 맥마누스(Chris MacManus) 의원은 "아일랜드의 변화하는 인구 통계에 대비하는 것은 농촌 공동체의 지속가능성에 매우 중요하다."라고 강조한다. 그는 젊은 가족을 농촌으로 끌어들여 고령화된 농촌 공동체를 되살릴 수 있는 기회를 제공하기 위하여 농촌 재정착 제도(Rural Resettlement Ireland)를 도입할 것을 촉구하고 있다.

개발 만능주의에 빠져 무참히 파괴된 아일랜드의 농촌. 뒤늦게 되살리고자 사방팔방으로 노력하는 사람들. '농촌의 복원이 미래의 아일랜드'라는 명제에 천번 만번 공감한다. 그러나 과연 가능할까? 아일랜드보다 더 심각한 대한민국은 이 문제에 대해 어떤 고민을 하고 있는지 궁금하다.

탈중앙화 바람

아일랜드 도시 가구의 연평균 소득은 60,814유로(약 8,700만 원)인데 비해 시골은 51,648유로(약 7,395만 원)이다. 이 격차를 해소하는 것이 아일랜드 공공정책의 지속적인 우선순위였다. 따라서 아일랜드 정부는 지난 2021년 대담한 새 계획을 발표하였다. '우리 농촌의 미래(Our Rural Future)' 플랜이다. 이 계획에 따르면 농촌 지역으로 이주하는 근로자들에게 이주 보조금과 세금 인센티브를 제공한다.

'우리 농촌의 미래'는 코로나19 이후 향후 5년간(2021~2025) 아일랜드 농촌의 회복과 발전을 위한 정부의 청사진이다. 이는 농촌 주민들의 삶의 질과 기회를 변화시킨다는 목표를 가지고 있다.

농촌부흥기금으로 1,500만 유로(약 214억 원)를 사용한다.

'우리 농촌의 미래'는 또한 20%(68,000명)의 공무원을 본청에서 영구적으로 탈중앙화시키고 직장인들의 재택근무를 더욱 활성화한다. 영국의 한 매체에 따르면 이 계획은 코로나19 이후 유럽 최초로 아일랜드가 내놓았지만 대륙의 다른 나라들도 현재 처한 지역 격차를 완화하기 위하여 비슷한 생각을 지니고 있다.

2022년 5월 아일랜드 정부가 발표한 보고서를 보면 코로나 이전 아일랜드의 재택근무 비율은 남성이 8%, 여성이 6%에 불과해 유럽평균을 밑돌았다. 그러나 최근에 이 상황은 크게 변하여 남녀 각각 28%를 기록하면서 유럽의 선두주자로 떠올랐다. 코로나19로 아일랜드의 재택근무율은 3배 이상 증가한 것이다.

〈'우리 농촌의 미래' 플랜을 홍보하는 험프리스 장관〉

출처: https://ifacountryside.ie/

아일랜드 정부는 직원들이 일할 수 있는 장소를 찾을 수 있는 재택근무 허브 플랫폼을 출시하였다. 2022년 8월 말까지 1만 명의 재택근무자를 위한 3일 무료 테스트 바우처를 제공하였다.

10억 유로의 농촌재생기금(Rural Regeneration Fund)으로 시골 지역에 초고속 인터넷 접속이 가능한 400개의 원격 작업 중심지 건설에도 자금을 지원하고 있다. 이것들은 시청, 극장, 영화관 등의 건물을 개조하여 만들어진다.

이 계획에는 기존 주 청사에 근무하는 지자체 공무원들을 위한 코워킹 및 핫 데스크 허브를 허용하는 시범계획도 포함되어 있다. 아일랜드 정부의 목표는 도심의 혼잡을 해소하고 오염을 줄이기 위하여 코로나19 이후 작업 방식을 완전히 재검토한 것이다.

또한 지자체와 사회적 기업이 폐쇄 위기에 처한 우체국과 같은 자산을 매입하거나 인수할 수 있도록 지원하는 지자체 소유 기금의 설립을 검토하고 있다. 도심의 빈 건물을 원격 근무 허브로 용도 변경하는 자금을 지원하는 방안도 들어있다. 곧 공실이 될 아일랜드 은행 지점 88곳이 이러한 허브를 위한 잠재적 장소로 거론되고 있다.

광대역통신망 구축에 초점을 맞추면 e-헬스, 원격 학습, 온라인 거래 및 신기술과 같은 분야에서 새로운 기회를 가져올 수 있다. 이 5개년 전략은 업데이트된 국가 개발 계획에 의하여 뒷받침된다. 지방 당국이 그들의 카운티에 원격 근무자를 유치하기 위한 캠페인 운영 자금을 제공하고 고용주와 피고용인 모두를 위한 원격 근로에 대한 세금 조정도 이루어진다.

대도시를 떠나 농촌 지역에서 일하기를 원하는 노동자들에게 인센티브를 주는 제도는 이미 미국 지역에서 채택된 방식이다. 미국 남부 조지아주 사바나(Savannah) 시에서는 성공적으로 이주한 근로자에게 지역 경제개발청이 1인당 2천 달러(1,700유로)의 정착금을 지급하였다. 이 정책을 아일랜드가 검토하고 있다.

아일랜드 회계감사원은 또한 재택근무자를 위한 세금제도를 검토하기로 하였다. 헤더 험프리스(Heather Humphreys) 농촌개발부 장관이 주도하는 이 대담한 시도는 재택근무자와 모바일 인재가 시골 마을에 거주할 수 있게 인센티브를 부여한다. 이 제도를 이용하려면 근로자는 고용주로부터 원격 근무가 가능한 시골 마을로 이사한다는 증명서를 받아야 한다.

한편, '아일랜드 2024 지방기업플랜'은 기업들이 농촌지역에 진출할 수 있도록 원격 근무를 활성화하여 지역개발과 함께 농촌 지역의 버려진 공실의 개방을 증가시키고 있다. 원격 근무는 16

만4천 톤의 이산화탄소가 배출되는 것을 막을 수 있다. 이는 760만 유로 이상의 가치를 지닌다.

 원격 근무로 인한 난방 및 전기 비용은 각각 79유로와 30유로가 증가하지만 이동비용은 평균 413유로가 절감된다. 기업은 사무실 구입, 또는 임대비용으로 직원 1인당 최대 1,492유로를 절약할 수 있으며, 이는 25%가 절감되는 액수이다.

지방소멸, 세계를 가다

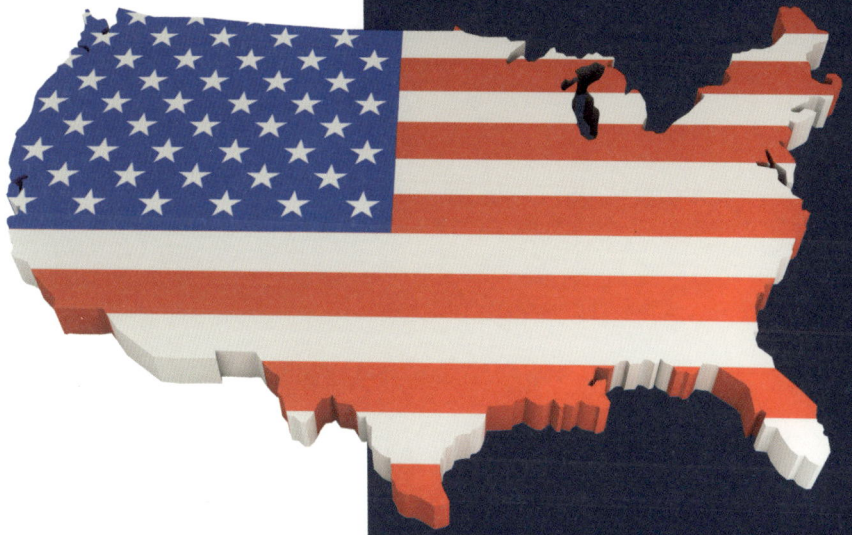

미국

'당근정책'으로 도·농 격차 완화

생산(농업, 목재, 에너지, 광물)의 중심지이자 경제시스템의 본거지인 농촌은 문화적, 인종적 다양성을 보여준다. 그러나 오늘날 미국은 국토의 85%를 차지하는 농촌에 불과 5천만 명(전 인구의 17%)이 살고 있다.

자연이 연출하는 풍광이 매우 아름다운 지역도 많지만, 인구감소와 빈곤으로 힘들어하는 지역도 많다. 미국에서 가장 빈곤이 지속되는 386개 카운티 중 340개가 농촌지역에 있다. 미국의 농촌 주민은 도시 주민보다 가족 소득이 평균 25% 낮고, 빈곤율은 28% 더 높다.

미국인들은 농촌이 젊은이들에게 많은 기회를 제공하지 못하는 공간이라는 것을 잘 알고 있다. 하지만 농촌을 더 안전한 삶, 소박한 삶과 연관시킨다. 미국인들은 농촌을 농부와 동일시하는 경향이 있다. 그러나 농촌 소득의 96%, 그리고 농촌 지역의 많은 일자리는 농업 출신자들의 것이 아니다.

가난한 농촌과 활기찬 대도시. 이 대조적인 모습이 가장 뚜렷한 곳은 아마도 조지아주일 것이다. '두 개의 조지아(two Georgias)'는 조지아주의 대도시와 농촌의 경제 격차를 나타내는 용어이다. 이 용어는 양 지역의 보건 격차를 묘사하기도 한다.

조지아주는 인구 격차도 큰 문제이다. 농촌은 인구가 계속 감소하지만 애틀랜타를 비롯한 대도시는 크게 증가하고 있다. 조지아 농촌의 명석한 청년들은 대학에 가기 위하여 도시로 떠나가면 다

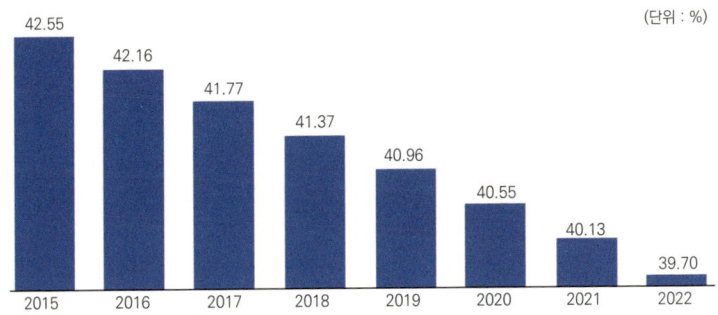

〈조지아주 농촌의 인구 변화 추이〉

출처: https://www.theglobaleconomy.com/Georgia/rural_population_percent/

시는 돌아오지 않는다. 조지아주는 목화와 노예제도가 경제를 지배하였던 1860년보다 지금은 11개 농촌 카운티만 인구가 더 많

〈콜럼버스-오거스타를 기준으로 상하의 격차가 심한 조지아주〉

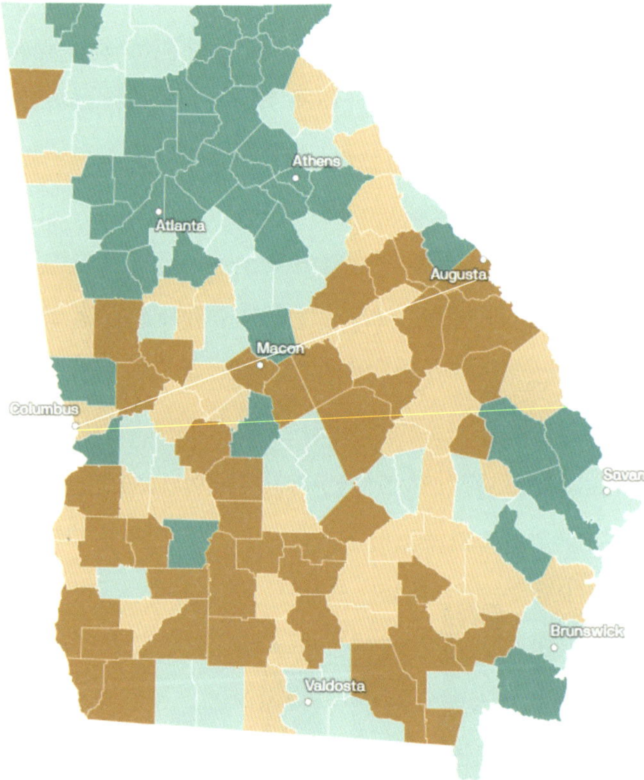

※ 콜럼버스에서 오거스틴을 연결하는 사선 위는 인구 밀집지역, 아래는 인구 희소지역
출처 : County Health Rankings; Map: Kavya Beheraj/Axios

고 나머지 카운티는 출생률보다 사망률이 더 높다. 이는 농촌개발협의회(rural development council)가 집계한 통계다.

게다가 조지아의 농촌 주민들은 평균적으로 소득이 적다. 조지아주 카운티들의 건강 순위를 매길 때, 애틀랜타 주변의 사람들이 맨 위, 농촌지역 사람들은 가장 아래에 위치한다. 후자는 콜럼버스에서 오거스타까지 뻗어있는 선(gnat line)의 남쪽 지역들이다. 통계에 따르면, 조지아 시골 사람들은 의료서비스를 받을 기회가 적고, 그나마 서비스를 받으려면 더 멀리까지 이동하여야 한다. 이는 삶과 죽음을 의미하기도 한다.

위스콘신대학 인구건강연구소의 최근 데이터에 따르면, 포사이스(Forsyth) 카운티는 지난 10년간 인구가 43%나 증가하였다. 반면에 행콕(Hancock) 카운티는 7% 감소하였다. 포사이스는 65%가 백인이고 가구당 평균 소득도 11만 9천 달러이다. 하지만 행콕은 약 70%가 흑인이고 가구당 평균 소득은 3만 4천 달러로 낮다.

행콕의 고용주는 62명이고, 포사이스의 고용주는 7천 명으로 이 역시 큰 차이를 보인다. 장애인 비율 역시 행콕이 포사이스보다 2배 이상 높다. 행콕 주민의 13%가 건강보험 적용을 받지 못하는 반면 포사이스는 9%에 그친다. 행콕 메모리얼병원은 2001년에 문을 닫았고 포사이스의 노스사이드병원은 2개 층을 새로 증축하였다.

이러한 격차를 해소하는 것이 조지아주의 주요 과제다. 따라서 조지아주는 먼저 농촌과 유령도시들의 인구 재확충을 위하여 소득세 감면 방안을 모색하고 있다. 이 정책은 '알 블루 리지(R-Blue Ridge)'의 데이비드 랄스턴(David Ralston) 의장이 만든 '농촌개발자문위원회(House Rural Development Council)'를 중심으로 펼쳐지고 있다.

애틀랜타 저널-컨스티튜션은 "농촌 이전 및 거주(Rural Relocate and Reside) 프로그램이 특정 카운티의 신규 거주자들에게 10년간 최대 5만 달러의 소득세 공제 혜택을 제공하게 될 것이다."라고 보도하였다. 농촌지역 지원에 관한 현재의 논의에는 조지아의 159개 카운티 중 124개가 참여하고 있다. 이 카운티들은 지난 5년 동안 5% 미만의 성장을 경험하였다.

농촌개발자문위원회는 조지아주의 방치된 지역까지 광대역통신 접속을 확대할 것을 약속하였다. 코로나19 대유행 이후 조지아주에서는 시골 지역의 광대역통신과 소위 '정보 격차'를 해소하자는 주제가 최우선 과제로 부상하였다. 브라이언 켐프 주지사는 주 전역에 49개 광대역통신 설치를 위하여 4억 8백만 달러 이상의 보조금을 지원하겠다고 발표하였다.

한편, 헬스케어조지아재단은 조지아 시골 지역의 질 좋은 의료 서비스 확충을 위하여 11개 지역사회 의료 단체에 보조금을 지원하기로 하였다. 이는 '두 개의 조지아 이니셔티브'의 1단계 프로젝트로 77만 달러가 들어가게 된다. 이는 조지아주 농촌 주민들의 건강 격차를 줄이고 건강 형평성을 달성하기 위한 노력의 일환이다.

기술인재 유치에 파격 인센티브

애틀랜타에서 동남쪽으로 350km 지점에 있는 사바나(Savannah). 이곳은 클린트 이스트우드가 감독한 선과 악의 정원인 '미드나잇 가든(Midnight In The Garden Of Good And Evil)'의 촬영지이다. 침엽수가 심어진 목마른 땅의 자연공원과 태평양 해변의 부드러운 우울함, 신화적 냄새가 물씬 풍긴다. 대리석과 연철 발코니가 있는 목조 가옥, 붉은 작은 벽돌 건물, 신고전주의 양식의 석조 가옥은 도시를 우아함으로 가득 채운다.

1733년 영국과 스코틀랜드의 선원 100여 명과 함께 오글소프(Oglethorpe) 장군에 의하여설립된 사바나는 전형적인 계획도시이다. 오늘날의 사바나는 이질적인 스타일과 풍부한 역사적 매력을 듬뿍 풍기고 있다. 조약돌 거리들과 역사적인 건물들은 세계의 관광객을 불러 모으기에 충분하다. 또한 걸스카우트의 설립자인 줄리엣 고든 로우의 집과 대중에게 공개된 남부 최초의 박물관 중 하나인 텔페어 예술과학아카데미는 이곳의 또 다른 명소이다. 매년 여러 음악 축제가 열리는 곳으로도 유명하다.

사바나는 조지아주에서 가장 오래된 도시이다. 채텀 카운티(Chatham County)의 소재지로 컨테이너 운송을 위한 가장 큰 항구 중 하나이다. 이 도시의 경제적 원동력은 항구와 관광업이다. 암스트롱주립대학교, 사바나주립대학교, 사바나예술디자인대학 등 여러 대학교와 단과대학이 위치해 있기 때문에 학생들의 집이라고 부르기도 한다.

이런 사바나의 특징은 인구의 변동 폭이 심하다는 것이다. 수십 년 동안은 상당한 인구 성장이 이루어졌지만, 1970년 실시된 인구조사에 따르면 20% 이상 감소하였다. 그러나 그다음 인구조사 때는 거의 완전히 반등하였다. 하지만 1990년과 2000년에 다시 하락하였다.

2010년 실시된 조사에서는 인구 성장률이 3.6%, 2016년에는 7.7%로 각각 증가하였다. 2023년 현재 인구는 145,870명이다. 이는 2020년 147,701명이었던 것에 비해 1.24% 감소하였다. 사바나의 평균 연령은 33.2세이고, 남성은 32.8세, 여성은 33.6세이다.

　인구감소 추세를 막기 위하여 사바나 시는 기술 인재 유치에 나섰다. 2020년 5월, 사바나 경제개발청(Savannah Economic Development Authority)은 노동자와 기업 모두에게 사바나로 이주할 수 있도록 사바나 기술인력인센티브(Savannah Technology Workforce Incentive) 제도를 도입하였다.

〈사바나 시의 인구 변동 추이〉

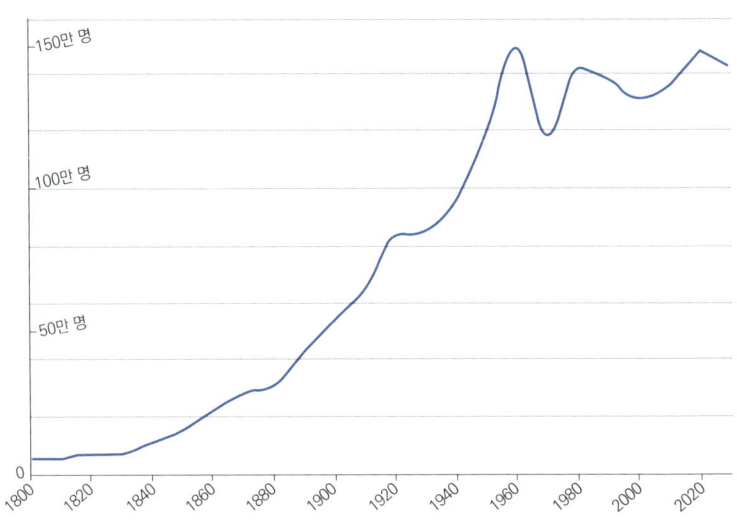

출처: Savannah, Georgia Population 2023
https://worldpopulationreview.com/us-cities/savannah-ga-population

테크놀로지 회사에서 원격으로 근무하거나 자영업을 하는 사람이 사바나로 이사를 하는 경우 최대 2천 달러(약 263만 원)까지 지원을 받을 수 있다. 사바나 경제개발청이 제공하는 이 프로그램은 부동산을 구입하거나 최소 1년치 임대로 채텀 카운티로 이주하여 최소 한 달 이상 이곳에 거주한 사람에게 이사비, 차량 렌트비, 휘발유값, 심지어 공공요금 보증금을 지원해 준다. 또한 평균임금 이상을 지급하는 새로운 일자리를 창출하는 사업체에게는 최대 10만 달러(약 1억 3,000만 원)의 지원금을 제공한다.

이 인센티브는 지역내 기술회사의 신규 고용자뿐만 아니라 사바나 시에서 60마일 이상 떨어진 곳에 위치한 테크놀로지 회사, 자영업자 및 원격 근무자에게도 제공된다. 하지만 특정 기술 분야의 직원은 자격을 얻기 위한 조건을 구비하여야 한다. 첫째, 최소 3년 이상의 검증 가능한 경험이 있어야 한다. 둘째, 채텀 카운티에 최소 2년간 체류하여야 한다. 셋째, 영수증, 기타 적격비용 증빙서류를 제출하여야 한다.

인센티브는 소급 적용되므로, 채텀 카운티에 이미 30일 이상 거주한 경우 신청 자격이 주어진다. 신청 시, 유효한 조지아주 운전면허증뿐만 아니라 채텀 카운티 주소, 저당권 또는 주택임대 계약서 사본(최소 1년), 본인 명의의 공공요금 청구서가 있어야 한다.

보조금으로 원격 근무자 유인

미국 인구는 지난 400년간 수직 상승하였다. 1770년 처음 시행된 인구조사에서 미국 인구는 고작 215만 명에 불과하였다. 이 당시 필라델피아와 보스턴을 포함한 상위 5개 도시의 인구는 13만 6천 명(5.5%)으로 미국은 매우 시골이었다.

그로부터 90년이 흐른 1960년 미국 인구는 1억 867만 명으로 껑충 뛰었고, 2022년에는 3배가 넘는 3억 3,329만 명으로 늘었다. 이처럼 지난 62년간 미국의 인구는 200% 이상 증가하였다. 현재 미국인 대부분(83%)은 큰 도시에 살고 있다. 초창기 미국과는 천양지차다.

미국 인구조사국(US Census Bureau)에 따르면 캘리포니아주는 3천 900만 명이 살고 있어 50개 주에서 인구가 가장 많다. 그 다음은 텍사스주로 약 3천만 명이 살고 있다. 미국 인구의 약 21%가 이 두 주에 모여 있는 셈이다.

반면에 작은 주들도 많다. 그중 하나가 버몬트(Vermont)주다. 미국 북동부에 있는 이 주에는 약 65만 명이 살고 있다. 미국 독립전쟁 당시 이곳엔 수만 명의 원주민만 살고 있었다. 그 당시보다는 인구가 크게 증가하였지만 여전히 75%가 숲으로 덮여 있는 시골 지역이다.

미국 메이플 시럽의 주요 생산지인 버몬트에는 그린마운틴 보호구역 등 50여 개의 국립공원이 조성되어 환경보전의 메카이다. 게다가 가장 진보적인 주로 뉴욕이나 보스턴에서 이주해 온 사람들이 자유주의적인 사상을 확산시켰다. 2011년 버몬트주는 보편적 의료보험 사업을 미국 최초로 승인한 선구적인 정책으로 주목받았다.

그러나 버몬트주는 지난 10여 년간 인구의 증가와 감소를 반복하였다. 2016년과 2019년 감소 추세를 보이더니 2020년 천만다행으로 증가 추세로 돌아섰다. 구체적으로 보면 2018년 624,802명에서, 2019년 624,046명으로 감소하였다. 그러나 2020년 642,839명으로 증가하였고, 2021년 646,972명으로 다시 증가하였다. 최근 들어 버몬트주의 인구 추이는 왜 이처럼 반전하는 것일까?

버몬트주는 코로나19로 촉발된 원격 근무 방식이 기업과 직원들의 자유와 생산성 측면에서 긍정적 효과를 가져온다는 사실을 알고 원격 근무자를 위한 지원정책으로 인구 유인에 앞장서고 있다. 이 지원정책에는 원격 근무자 보조금 프로그램(Remote Worker Grant Program), 신입 근로자 재배치 보조금 프로그램(New Worker Replacement Grant Program), 체류형 주말(Stay to Stays Weekends) 프로그램 등이 있다. 이 정책은 대단히 인기가 높아 한때 세계 언론의 헤드라인을 장식하였다.

'씽크버몬트(ThinkVermont)'라 불리는 이 정책은 2018년에 버몬트주 의회가 개발하였다. 신규 거주자 유치, 노동력 성장, 버몬트주 고용주 지원 등을 위하여 지금까지 1,780,000달러의 예산이 이주 보조금이 지급되었다. 특히 원격 근무자 보조금 프로그램은 원격 근무자들이 이주하는 비용의 일부를 보상해 줌으로써 이들의 재배치를 용이하게 해 준다. 원격 근무자들은 연간 최대 5,000달러의 보조금을 2년간 제공받는다. 이 정책 덕에 최근 버몬트주로 이주한 신규 근로자와 가족은 435명이 넘는다.

또한 버몬트주 상무부 및 지역사회개발국(ACCD)은 다른 주에서 버몬트주로 이주해 온 사람들에게 이사 비용을 지원하는 인센티브 보조금 프로그램을 지난 2022년 공식 출범시켰다. 여기에 드는 예산으로 3백만 달러가 책정되었다.

상업 및 지역사회개발부(Agency of Commerce and Community

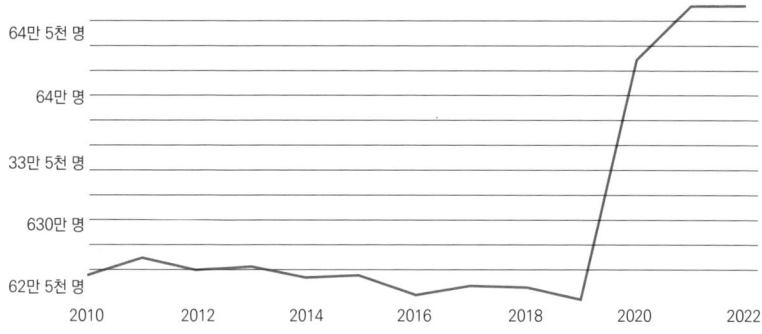

〈버몬트의 인구 변화 추이〉

출처 : USA Facts
https://usafacts.org/data/topics/people-society/population-and-demographics/our-changing-population/state/vermont/

Development)의 린제이 커럴(Lindsay Kurrle) 장관은 언론과의 인터뷰에서 "우리 주의 인력 부족을 감안할 때, 새로운 근로자와 납세자를 우리 주로 끌어들이기 위하여 우리가 가진 모든 전략을 사용하여야 한다."라고 말하였다. 그는 또한 "이 프로그램만으로는 인구통계학적 문제를 해결할 수 없기 때문에 추가로 주택 및 경제 개발 프로그램을 계속 개발하는 과정에서 이는 퍼즐의 한 조각에 불과하다."라고 설명하였다.

나아가 근로자 재배치 인센티브 프로그램은 신규 근로자와 원격 근무자 모두에게 최대 7,500달러의 보조금을 지급한다. 이 신규 프로그램은 다른 분야의 고용주 요구에 더 잘 부응하기 위하여 모든 직종으로 확대되었다. 이 프로그램에는 아직 버몬트주로 이주하지 않은 사람들을 위한 사전 승인 절차도 포함되어 있다. 이 절차는 신청자가 이주하기 전에 이주 후 보조금을 받을 자격이 있는지 여부를 알려주고, 이전을 완료하고 필요한 확인 서류를 제출하면 보조금 지급을 위한 자금을 예약할 수 있게 해 준다.

조안 골드스타인(Joan Goldstein) 경제개발부 장관은 "근로자가 이주하기 전에 자격을 조사하고 인센티브 보조금 승인 여부를 결정할 수 있는 기능을 제공함으로써 궁극적으로 개인이나 가족이 이곳으로 이주하는 데 도움이 될 수 있기를 바란다."라고 말하였다.

지난 2019년 2,100만 명이 넘는 미국인들이 원격으로 전일제 근무를 시작하였다. 이 숫자는 팬데믹으로 인하여 더욱 증가하였고 그 추세는 멈출 기미를 보이지 않는다. 2025년까지 3천 600만 명이 넘는 미국인들이 원격으로 일할 것으로 예측되고 있다.

이러한 시대 변화를 재빨리 읽고 기회로 포착한 버몬트주는 혁신적인 'ThinkVermont' 정책으로 원격 근무의 선봉장이 되었다. 이에 자극을 받은 것일까? 미국의 여러 지역은 너도나도 앞다퉈 이 경쟁에 뛰어들고 있다. 알래스카주, 웨스트버어지니아주, 아칸소주, 오클라호마주의 털사, 캔자스주의 토페카, 네브래스카주의 링컨, 앨라배마주의 숄스. 너무도 많아 손가락으로 꼽기가 어려울 정도이다.

지방소멸, 세계를 가다

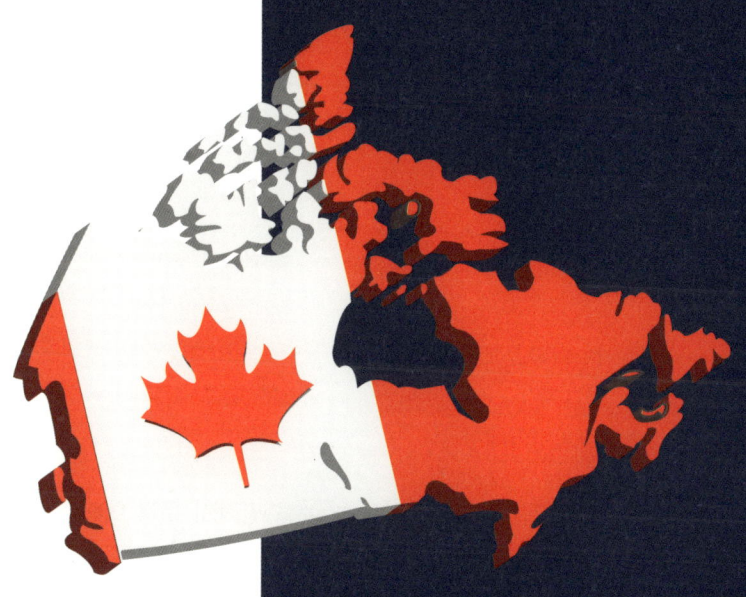

캐나다

지역 가치 발견 주말 프로그램

　광활한 대지의 나라 캐나다는 국토 면적이 무려 900만㎢이다. 이렇게 넓지만 주민들은 대부분 미국 국경, 그리고 온타리오호수와 세인트로렌스강 연안에 모여 산다. 캐나다의 시골 면적은 39.1%로 전 국토의 5분의 2를 차지한다. 그러나 이곳에 살고 있는 국민은 0.3%에 지나지 않아서 인구밀도는 1㎢당 400명 미만으로 너무나도 썰렁하다.

　그러나 2021년의 캐나다 농촌 인구는 660만 명으로 2016년보다 2만 6,609명 증가하였다. 그러나 이 증가폭(0.4%)은 캐나다 도시부(6.3%)에 비하여 엄청나게 낮은 수치이다. 그럼에도 다른 G7 국가와 비교할 때 캐나다의 농촌은 가장 높은 인구 성장률(0.4%)

⟨2021년 G7 국가의 농촌인구 비율과 증가율⟩

국가	농촌 인구비율	증가율
일본	8.2	-4.7
영국	16.1	-3.6
미국	17.3	-2.5
캐나다	17.8	0.4
프랑스	19.0	-4.3
독일	22.5	0.1
이탈리아	29.0	-5.6

출처 : 세계은행

을 기록하였다. 2021년 G7 국가 중 캐나다와 독일(0.1%)만이 농촌 인구의 성장세를 보였다.

캐나다의 농촌을 이야기하려면 퀘백을 빼놓을 수 없다. 퀘백주는 종종 낙후된 농촌 사회로 규정된다. 퀘백의 인구는 2023년 1월 기준 880만 명으로 이는 2022년보다 14만 9천 9백 명이 증가한 수치다. 퀘백통계연구소(Institut de la Statistics du Québec)에 따르면 이는 이민 인구의 증가가 주요 요인이다. 한편, 퀘백은 출산율이 감소하고 사망률은 크게 증가하고 있다. 따라서 자연 수지는 1.7%로 캐나다의 다른 지역(3.0%)보다 낮다.

퀘백의 농촌 인구는 점점 줄고 있다. 이대로라면 20년 후 노동

〈지난 50년간 퀘백과 다른 지역의 인구 변화 추이〉

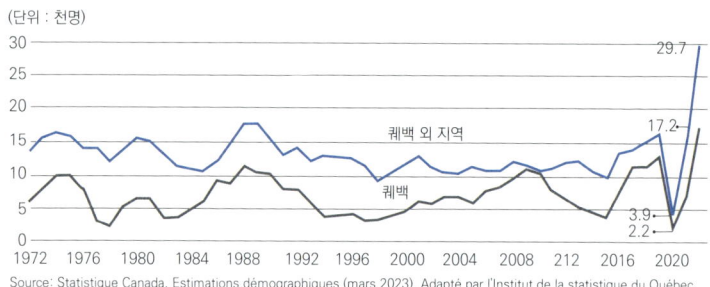

Source: Statistique Canada, Estimations démographiques (mars 2023). Adapté par l'Institut de la statistique du Québec.

인구의 약 4분의 1을 잃게 된다. 인구의 고령화와 이민자의 감소, 타 지역으로의 이주가 너무 많이 이루어지기 때문이다. 특히 퀘백의 북동부에 위치한 바생로랑(Bas-Saint-Laurent) 지역은 20세에서 64세의 노동인구가 20% 감소하고 가스페지(Gaspésie) 지역은 24%까지 감소할 전망이다.

청년들이 일자리를 찾고 인생의 경험을 쌓기 위하여 도심지나 서부로 이동하고 있어 상황은 계속 악화되고 있다. 국토개발연구센터장 프룩스(Marc-Urbain Proulx)에 따르면 50~60년 전 캐나다 동부는 수력전기, 광업과 같은 주요 산업의 발달로 일자리가 풍부하였다. 그러나 이 산업들은 사양길로 접어들었고 이제는 기술 집약 산업이 각광을 받고 있다. 후자는 안타깝게도 많은 고용을 창출하지 못한다.

대도시로 떠나는 젊은이들의 물결은 이번이 처음은 아니다. 지난 30년간 퀘백의 청년인구(15세에서 34세)는 15% 감소하였다. 프룩스는 이러한 인구 이탈을 막기 위하여서는 고용 창출이 핵심 과제라고 주장한다. 따라서 가스페지 지역의 풍력터빈과 같은 고용 창출 산업이 필요하다. 그는 바생로랑 지역 역시 더 많은 젊은이를 유치할 수 있는 잠재력을 보유하고 있기 때문에 이를 발전시킬 지역마케팅이 필요하다고 말한다.

이 지역들은 고학력의 젊은이들을 유치하기 위하여 이미 정부 차원의 프로그램과 세액 공제 제도를 도입하였다. 바생로랑의 생피에르(Francis Saint-Pierre) 지역개발단체장에 따르면, 젊은이들이 지역의 진가를 발견할 수 있게 구성하여 운영하고 있는 주말 프로그램 '지역청년광장(Place au jeunes en region)'이 큰 성과를 거두면서 젊은 층의 유입이 늘어나고 있다. 그는 지금 실행하고 있는 이와 같은 정책을 잘 활용하고 개선하는 것이 중요하다고 보고 있다.

녹지에 집 지어도 좋다!

몬트리올에서 185㎞, 퀘백시에서 95㎞, 세인트로렌스강 남쪽 해안에서 30㎞ 떨어진 레라블(L'Érable)자치구. 퀘백주에 속한 이곳은 96%가 녹지로 지정되어 있으며 주요 산업은 농업과 임업이다. 하지만 중심지인 플레시스빌(Plessisville)과 프린스빌(Princeville)은 서비스업과 비즈니스업이 발달하였다. 이 두 곳에 레라블자치구의 인구 65%가 모여 산다. 특히 플레시스빌은 군청 소재지가 있어 인구(6,688명)가 많다. 1980년대까지만 하여도 7천 명이 넘었지만 1990년대로 들어서면서 6천 명대로 떨어졌다.

레라블의 다른 지역은 이보다 더 심각하다. 최근 10년 동안 이 자치구는 주민의 10%가 줄었다. 농토는 확장되었지만 점차 주민

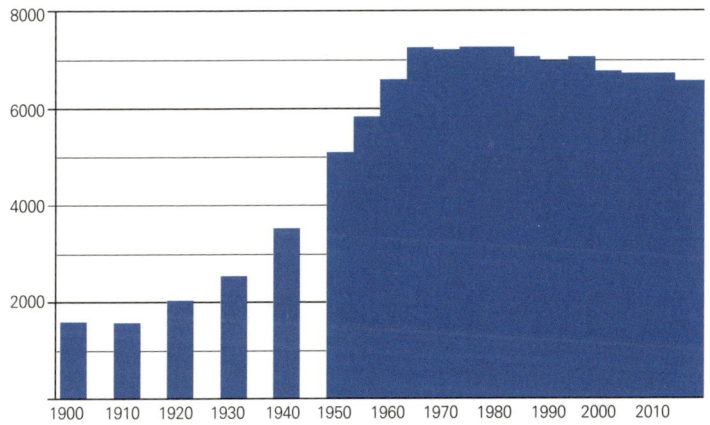

〈플레시스빌의 인구 변화 추이〉

출처 : 위키피디아

들이 떠나면서 많은 작은 땅과 삼림이 개발되지 않은 채로 버려졌다. 따라서 레라블은 인구 이탈을 막기 위하여 특단의 조치를 내려야 하였다.

그래서 소규모 농사를 짓는 사람에게 그린 존에 집을 짓도록 허용하는 정책이 도입되었다. 파트타임 농부도 작은 부지에 집을 지을 수 있게 하는 것이다. '농지 59(Ferme 59)'가 바로 그것이다. 농업을 활성화하고 차세대 농부들을 격려하며 새로운 농부들의 참여를 독려하기 위한 레라블의 혁신정책이다. 이는 농지보호법상 아주 획기적인 발상이다.

45년 전 퀘백은 농지 및 농업 활동 보호에 관한 법률을 제정하였다. 이 법에 따르면 풀타임 농업이나 임업 개발을 제외하고는 '녹지'로 분류된 지역에 집을 지을 수 없다. 물론 예외는 있다. 그 예외란 법을 적용하는 담당기관인 퀘백 농업영토보호위원회(Commission de protection du territoire agricole)가 직접 사례별로 협상하는 것이다. 경우에 따라 이 위원회는 자치구, 또는 지자체와 특별 조정을 교섭하기도 한다. 이를 '집단 신청'이라고 부른다.

그러나 레라블의 '농지 59'는 이보다 한발 더 앞서 있다. 2017년 레라블자치구는 기존 농부들을 보호하면서 실행 가능한 새 농업 프로젝트와 연계된 주택을 건설할 수 있도록 퀘백 농업영토보

〈그린 존에 집을 짓는 레라블의 '농지 59'〉

사진 출처 : https://communautedefermiers.ca/ferme-59/

호위원회(CPTAQ)의 승인을 받았다. 이는 농업에 활력을 불어넣고, 승계를 장려하며 새로운 농부들의 육성을 장려하기 위한 것이다. '농지 59'에 참가하고 있는 포티에르(Laval Fortier)는 이 정책을 다음과 같이 평가하였다. "사람들이 농촌으로 올 수 있게 될 것입니다. 농촌에서 도시로 나갔다 다시 돌아오고 싶어도 길이 막혀 돌아올 수 없는 사람들이 있습니다."

레라블 농업진흥청(UPA de L'Érable)의 카론(Sabrina Caron) 청장에 따르면, '농지 59'는 농촌을 암시한다. 59라는 숫자는 농지 및 농업 활동에 관한 법률 제59조에서 따온 것이다. 퀘벡에서 시간제 농업과 농업 구역내 주택 건설을 결합한 것은 이번이 역사상 처음이다.

5년간 시범 운영되는 이 프로젝트를 위하여 레라블자치구는 파트타임 농업을 지원할 수 있는 1,200개의 부지를 찾아냈다. '내부로부터의 성장'을 도모할 방법을 찾은 것이다. 아울러 퀘백 농업영토보호위원회와 무려 7년간이나 협상하였다. 기존의 농부들을 보호하고 30~39세의 젊은 농부들을 유치하기 위한 고뇌였다.

어떤 악용도 있어서는 안된다. 예를 들어, 지속되지 않고 단순히 현지에서 집을 짓기 위한 꼼수에 불과한 가짜 프로젝트를 적발할 수 있는 방법을 마련하였다. 레라블자치구의 농무부 개발고문

티보도(Solange Thibodau)는 "우리는 큰 집과 두세 그루의 과일나무로 끝내고 싶지 않습니다. 사업 계획이 정말 필요합니다."라고 그들의 진지함을 피력하였다.

위원회는 선출직 대표와 기획자, 퀘벡 농무부 대표, 퀘벡 농무부 개발고문으로 구성된 위원회에 의사 결정 권한을 위임하였다. 이들은 제시된 서류들을 일일이 검토하고 분석하여 승인하고 각 프로젝트에 대한 후속 조치도 약속하여야 하였다. 프로젝트의 진정성을 증명하기 위하여 많은 경우 발기인은 이미 토지를 경작하는 등 프로젝트에 투자한 경험이 있어야 한다.

또한 트랙터 통행이나 분뇨 살포 등 농촌 환경에 내재된 활동을 존중하겠다는 헌장에도 서명하여야 한다. 그들은 또한 자신의 집이 농장이나 숲에 '부속'되어 있기 때문에 단독으로 판매할 수 없다는 것도 인지할 필요가 있다.

레라블자치구는 매년 다섯 가구 혹은 열 가구의 새로운 주민이 정착하는 것을 목표로 설정하였다. 하지만 첫해 네 가구만 입주하여 목표치에 이르지 못하였다. 하지만 꾸준히 보충해 나가면서 이 방식을 다른 지역에도 도입할 수 있는지 검토 중이다.

레라블자치구의 수장 라브레크(Sylvain Labrecque)는 "이는 지역 거버넌스의 좋은 예입니다. 우리만의 시각으로 문제를 바라보고 아이디어를 생각해낸 것입니다."라고 으쓱하였다. 티보도 농무부 개발자문관 역시 "오늘 우리는 퀘벡의 역사를 조금이나마 쓰고 있다고 생각합니다." 라고 큰 자부심을 드러냈다.

'농지 59'는 일반 대중을 대상으로 유기농 농산물과 채소 바구니 마케팅을 지원하는 프로젝트를 개발하고 있다. 티보도는 "우리는 생산자들이 네트워크를 만들어 서로 도우며 강력하고 역동적인 커뮤니티를 개발하도록 장려하기 위하여 최선을 다하고 있습니다."라고 덧붙였다.

이 프로젝트의 수혜자인 킹그라스(Fred Gingras)는 "저희는 육지에 정착하여 염소 농장을 시작하고 싶다는 꿈을 가지고 있었는데 마침내 '농지 59'를 발견하였습니다. 이는 우리에게 가장 좋은 선택이었지요. 미래의 농부들에게 정말 큰 도움이 되고 있습니다."라고 증언하였다.

바로우(Steeve Barlow) 역시 "농지 및 농업 활동 보호에 관한 법률(59조)에 따른 이 예외적인 정책 덕분에, 그리고 선출된 대표들과 레라블자치구 직원들의 결단 덕분에 200년 간 조상들이 살던 땅에 마침내 손자와 함께 정착하여 소규모 농사를 짓겠다는 오랜 꿈을 이룰 수 있게 되었습니다."라고 감격해 하였다.

레라블자치구는 또한 현재와 미래의 농부들 간의 협업을 촉진하여 더욱 강력한 커뮤니티를 구축하고 있다. 11개 지자체를 중심으로 형성된 레라블은 사회적 네트워크를 형성하고 개방성과 관용성을 높여 외지에서 가족들이 정착해 들어오는 성공적인 케이스로 주목받고 있다.

"내 비즈니스를 다르게 구축하라!"라는 레라블의 캐치프레이즈가 탄생시킨 독특한 시간제 농업 모델 '농지 59'의 사례를 보며 우리의 귀농정책도 구태에서 벗어나 획기적인 변혁을 시도해 봤으면 좋겠다는 생각을 해 본다.

이민자 지명, 신청 3개월 안에 처리

이민자들 유인 못지않게 그들을 유지하는 것이 중요

캐나다 동부에 위치한 노바스코샤(Nova Scotia: 뉴스코틀랜드)주. 루시 모드 몽고메리의 '빨간 머리 앤'의 고향으로 유명하다. 주 이름이 암시하듯 스코틀랜드 문화가 강한 곳으로 스코틀랜드계 주민이 29.3%를 차지한다. 이곳은 노바스코샤 반도, 케이프-브레튼 섬, 그리고 3,000개가 넘는 작은 섬으로 구성되어 있다. 대서양에 접한 반도로 북서쪽은 본토와 연결된 뉴브런즈윅주와 경계를 이룬다. 출렁이는 파도와 리드미컬한 해안가의 활기찬 모습이 역동적이다. 그래서일까? 캐나다 해양 지역 중 인구밀도가 가장 높고 살기가 좋다.

이런 노바스코샤에도 인구감소가 찾아왔다. 노바스코샤의 인구는 그간 대체적으로 증가세를 보여 왔다. 하지만 최근 전입 인구보다 전출 인구가 더 많아졌다. 2016년 7월 1일 기준 노바스코샤 인구는 92만 3,598명이었다. 이는 2013년보다 0.2% 감소한 수치다. 특히 청년 인구가 크게 줄고 있다. 많은 젊은이가 더 좋은 일자리를 찾아 도시로 떠나간다. 2004년부터 2013년까지 노바스코샤는 35세 미만의 젊은이 8.1%를 잃었다.

주도인 핼리팩스는 예외지만 농촌 지역은 타격이 매우 크다. 특히 동부의 카운티들이 그러하다. 가이즈버러(Guysborough) 카운티는 인구의 37%를 잃었다. 이곳은 1971년 12,825명이었으나 2011년에는 8,143명으로 크게 줄었다.

리치먼드(Richmond)와 케이프-브레튼(Cap-Breton) 카운티도 각각 36%와 26%의 인구감소를 보였다. 케이프-브레튼은 19개의 학교가 문을 닫을 위기에 있다. 몇몇 학부모 단체들은 어떻게든 폐교를 막아보려고 안간힘을 쓰며 정부에 압력을 가하고 있다. 이들은 살던 마을을 떠나는 것을 두려워하고 있다.

이처럼 공동체가 서서히 죽어가는 상황에서 어떤 사람들은 그냥 마을을 떠나는 쪽을 택한다. 이때 집이 팔리지 않으면 버리고 간다. 이는 세월이 흐르면서 폐허로 변하여 지자체의 큰 부담이 되고 있다. 매년 폐건축물 민원이 평균 40여 건 넘게 발생하는 상황이다.

〈노바스코샤주 지도〉

노바스코샤는 돌파구로 2015년 중반부터 다양한 이민 프로그램을 펼치고 있다. 그중 가장 인기 있는 것은 주정부 지명 프로그램(NSNP: Nova Scotia's Provincial Nominee Program)이다. 노바스코샤주가 영주권을 취득할 수 있도록 개인을 지명하고 이민자들이 잘 도착할 수 있게 여러 이민 경로를 제공한다.

해외 유학생, 숙련된 근로자, 기업인, 해외 임시 근로자에 이르기까지 수많은 이민자가 이 이민 경로를 통하여 캐나다 비자를 빠르게 취득할 수 있다. NSNP의 특징은 신청서를 내고 처리하는데

3개월 밖에 걸리지 않는다.

이 프로그램 덕에 노바스코샤로 들어오는 이민자 수는 놀랍게 증가하고 있다. 캐나다 이민, 난민 및 시민권국(IRCC)의 최신 데이터에 따르면 노바스코샤주 이민은 2023년 4,902명의 신규 영주권자를 받아들였다. 2022년에는 9,160명으로 신기록을 세운 바 있다. 이들은 인도, 중국, 필리핀, 나이지리아, 시리아, 우크라이나 등 세계 각지에서 왔다. 캐나다, 특히 온타리오에서 온 사람들도 상당히 많다. 2023년 1월부터 3월까지 3,843명의 온타리오 사람이 노바스코샤에 정착하였다.

〈노바스코샤주 인구 변화 추이〉

출처: statista 2024

신규 이주자 대부분은 핼리팩스에 정착하지만, 인구 증가는 주도를 넘어 보다 폭넓게 확산된다. 아나폴리스(Annapolis) 카운티는 2.79%의 인구 성장률을 기록하였다. 이 카운티의 수장 알렉스 모리슨(Alex Morrison)은 "정말 놀랍습니다. 아나폴리스 카운티는 완전히 목가적인 곳이라고까지 말할 수 없지만 매력적인 곳입니다. 우리는 다른 접근 방식을 가지고 있습니다. 이는 삶에 대한 좀 더 여유로운 접근이라고 생각합니다." 그간 주민들이 빠져나갔던 야머스(Yarmouth) 카운티와 디비(Digby) 카운티도 20년 만에 처음으로 인구가 증가하는 추세로 돌아섰다.

이 현상이 노바스코샤에 미치는 영향 중 하나는 부동산 시장의 활기이다. 지방 부동산중개인협회에 따르면 노바스코샤의 평균 주택 가격은 최근 몇 년간 꾸준히 상승하였다. 이민부 장관 질 발서(Jill Balser)는 "노바스코샤는 특별한 곳이며, 점점 더 많은 사람이 이곳에서 자신과 가족의 미래를 꿈꾸고 있습니다."라고 설명하였다. "인구 증가는 우리 경제가 성공하는 데 필수 요소입니다. 우리는 더 많은 사람이 노바스코샤를 고향으로 삼을 수 있도록 고용주, 지역 사회 및 정착 기관과 협력하여 성장을 준비해 왔습니다."라고 덧붙였다.

노바스코샤의 인구 증가는 보다 큰 다양성과 경제 성장, 그리고 더 강한 농촌 사회를 구축하는 데 기여하고 있다. 하지만 큰 도전도 따른다. 갑작스러운 변화로 의료시스템은 이미 과부하가 걸린 상태이다. 한때 폐교되었던 교육시설은 그 반대 상황에 놓여 있다. 그리고 점점 더 많은 사람이 임대 시장과 구매 시장 모두에서 저렴한 주택을 찾는 데 어려움을 겪고 있다.

만약 이들이 집을 구하지 못하고 일자리를 구하지 못한다면, 그리고 자신과 같은 언어를 구사하거나 비슷한 문화적 배경을 가진 사람들과 어울리지 못한다면, 이들은 떠나는 선택을 할 수도 있다. 결국 중요한 것은 이민자들을 끌어들이는 것뿐만 아니라 그들을 붙잡을 수 있는 정책 마련이 관건이다.

캐나다 정부와 노바스코샤주 정부는 이민자 수를 더욱 늘려가겠다는 야심찬 포부를 가지고 있다. 그러나 대서양지방경제위원회의 애널리스트 프레드 버그만(Fred Bergman)은 새로 정착한 이주자들을 관리하고 유지하는 것이 무엇보다 중요하다고 말한다.

지난 6년 동안 노바스코샤에 정착한 이민자 중 70%는 그대로 살고 있으나 나머지 30%는 또 다른 곳으로 떠나갔다. 이주자가 늘었다고 환호하여도 물리적, 문화적 제반 환경들이 뒷받침되지 않는다면 이는 일시적인 현상에 그치고 만다. 인구감소를 이민정책으로 돌파할 의지를 갖고 있는 한국 정부도 이런 사례들을 거울삼아 시행착오가 없도록 만반의 준비를 해 나가야 한다.

지방소멸, 세계를 가다

일본

관광자원 개발로 외국인 투자 유치

앞에서 언급하였듯이 지방소멸이란 단어가 처음 등장한 곳은 일본이다. 2014년 일본창성회의 좌장 마스다(増田寬也)는 2040년까지 일본 시정촌의 50%가 소멸할 것이라는 폭탄 발언을 하면서 이에 대비하여 투자와 시책의 선택과 집중이 필요하다고 주장하였다.

이에 대해 도쿄 도립대학 야마시타(山下 祐介) 교수는 그의 저서 『지방소멸의 함정(地方消滅の罠)』에서 마스다의 선택과 집중이라는 사고는 지방을 버리는 것이라고 주장하였다. 메이지대학 오다키리(小田切 德美) 교수도 『농산촌은 소멸하지 않는다(農山村は消滅しない)』라는 저서에서 농산촌 주민들의 지역 만들기 노력과 젊은

이들의 농산촌 회귀로 지방은 소멸하지 않을 것이라고 반론을 제기하였다.

한편, 일본 정부는 인구 소멸 극복과 지방창생을 긴급 과제로 삼고 '마을, 사람, 일 창생본부'를 설립하였다. 그리고 이에 대한 이후 50년간의 장기비전 목표와 기본방침을 제시한 종합전략을 발표하였다. 각 지방자치단체도 지방판 종합전략 책정 작업을 진행시키고 있다. '소멸 지자체 896개 리스트'는 각계에서 큰 반향을 불러일으키며 인구감소를 둘러싼 본격적인 논의를 점화하였다.

홋카이도(北海道)도 예외는 아니다. 일본 국립인구사회보장연구소의 예측에 따르면 2010년 550만 명이었던 홋카이도 인구는 2040년 420만 명으로 급감할 전망이다. 이는 홋카이도의 141개 지자체 전체에 영향을 미칠 것이며, 이 중 80%의 지자체는 인구의 30% 이상이 감소할 것으로 예상된다.

전체적으로 비관적이지만 예외인 곳도 있다. 니세코초(ニセコ町)가 그러하다. 홋카이도 남서부에 위치한 이 지역은 삿포로시에서 자동차로 약 2시간 거리에 있다. 이곳은 국제적인 스노우 리조트로서 관광산업과 다양한 농축산물 생산지로 주민 약 5,000명이 살고 있다. 그러나 1980년대부터 인구가 감소하더니 2000년에

는 감소세가 더욱 커졌다. 하지만 2005년부터 점차 증가세를 보이며 최근 20년간은 외국인 수도 크게 증가하였다. 2005년 이전에는 10명도 안되던 외국인 여행객이 지금은 300명이 넘게 늘어나면서 이들을 상대하는 외국인 사업가가 증가하고 있으며 겨울 스포츠를 위한 장기 체류자, 그리고 스키장이나 호텔에서 일정 기간 근무하는 단기 노동자들도 증가하고 있다. 이 때문에 겨울철에 거주하는 외국인 수는 여름철보다 10%가 많다.

니세코가 이처럼 활기찬 마을로 변화하게 된 것은 관광자원을

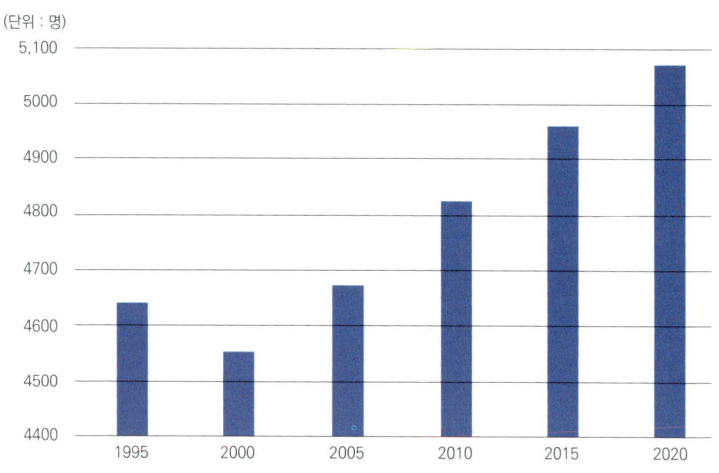

〈니세코의 인구 변화 추이〉

출처 : 일본통계청

활용하여 외국인 관광객을 유인하는 비즈니스 모델이 크게 성공한 것이다. 니세코는 요테이산과 안누푸리산 등으로 둘러싸여 있고 일본 제일의 청류인 시리베츠강이 흐르는 자연이 풍부한 도시이다. 내륙성 기후로 평균 기온은 영상 약 8도, 겨울철 적설량은 2m에 달한다. 시베리아에서 불어오는 눈보라가 가져온 건조하고 가벼운 눈은 스키를 즐기기에 이상적이다. 해외 스키 애호가들은 니세코의 이러한 양질의 눈에 매혹되어 이곳으로 모여들기 시작하였다.

니세코는 천연 온천으로도 유명하다. 관광객들은 스키를 즐긴 후의 자연경치를 감상할 수 있는 노천 온천에서 휴식을 취할 수 있다. 게다가 래프팅, 승마 등 여름에 즐길 수 있는 체험관광객도 늘고 있다. 따라서 보다 지속가능한 발전을 도모하기 위하여 민관합동으로 관광 개발과 지역 내 창업을 지원하고, 지역 비즈니스를 적극적으로 육성하기 위한 노력을 기울이고 있다. '지역 인구감소'와 '도시의 인구 집중', 그리고 '지역과 도시의 경제 격차'를 개선하기 위하여 다양한 형태의 마을 만들기가 시행되고 있는 것이다.

또한 니세코의 스키 리조트는 '외국인에 의한, 외국인을 위한, 외국인 천국'으로 변해가고 있다. 해외 자본이 속속 들어오고, 5성급 호텔체인인 파크 하얏트나 리츠칼튼도 개업하였다. 외국의 어떤 거리를 걷고 있는 기분이 들 정도로 길에는 외국어가 난무하고, 편의점 진열대에는 외국 과자나 고급 샴페인이 진열되어 있다.

투자자들 중에는 니세코의 현 상황을 거품으로 보고 언젠가는 붕괴될 것이라는 주장을 하는 이들도 있다. 지속가능한 것인가라는 관점에서 비관적인 시각도 있다. 부유층을 위한 곳이라 대중이 찾아오기 힘들다는 것이다. 그러나 니세코의 이 힘은 계속될 것이라는 입장도 있다. 혹시 대중의 발길이 끊기더라도 지역 경제에 미치는 긍정적인 영향은 헤아릴 수 없을 정도로 클 것이라고 보는 것이다.

그렇다면 니세코의 성공 비결은 무엇인가? 우리는 여기서 무엇을 배울 수 있는가?『왜 니세코만 세계적인 리조트가 되었는가』의 저자 다카하시(高橋 克英)가 개발 역사나 소비적 관점보다 니세코를 투자, 세계 금융시장의 동향 등 다방면에서 살펴볼 것을 권고한다. 그는 다년간 금융 분야에 종사한 금융통으로 매년 겨울마다 니세코를 20년간 방문한 '니세코통'이다.

니세코가 세계에 알려지게 된 것은 양질의 스노우 파우더 때문이었다. 세계 최고 수준의 니세코 설질(雪質)이 입소문을 타면서 아시아, 호주, 유럽, 미국 등지에서 스키 관광객들이 찾아오기 시작하였다. 그리고 그들의 요구를 충족시키기 위하여 해외 자본가들이 참여하여 소박한 샬레부터 고급 호텔까지 다양한 숙박시설이 문을 열고, 교통 인프라 정비도 차차 확충되어 갔다.

다카하시는 니세코가 코로나 사태에도 끄떡없었던 이유는 관광객에 의존하는 소비 위주보다 해외 부유층의 투자가 경제를 견인하였기 때문이라고 강조한다. 즉, 실물경제가 타격을 입어도 금융시장이 활황이면 돈은 흘러들어오는 구조라는 것이다.

투자 대상은 호텔 콘도이며, 현재 니세코의 중심지인 굿찬(俱知安)에만 약 330채가 있다. 분양 아파트처럼 판매되며, 객실 구입 희망자는 부동산 개발회사 등으로부터 소유권을 구입한다. 직접 숙박할 수 있을 뿐만 아니라, 호텔처럼 임대하여 임대 수입의 일부를 얻을 수도 있다.

이미 언급하였듯 이를 거품으로 보는 경향도 있다. 하지만 다카하시는 이 추세가 당분간 안정적으로 이어질 것이라고 전망한다. 그 이유는 세계 금융시장의 큰 흐름 때문이다. 코로나 사태 이전부터 이어진 일본, 미국, 유럽의 금융완화정책, 저금리 정책의 영향으로 조금이라도 더 높은 수익률을 찾아 전 세계의 잉여자금이 움직이고 있다.

니세코의 부동산 가격은 세계적으로 명성이 높은 스키 리조트인 프랑스 샤모니의 절반에도 아직 못 미친다. 또한 유럽이나 북아메리카에는 니세코보다도 비싼 리조트가 많다. 이는 니세코에 가격 상승 여력이 여전히 남아있다는 것을 의미한다는 이야기이다.

게다가 니세코 스키장은 이제 국제적 수준으로 레벨업되었다. 따라서 경쟁 상대는 세계 스키 리조트이며, 존재감을 발휘하기 위하여서는 그에 걸맞은 시설과 서비스는 물론이고 높은 가격대 역시 맞춰질 필요성이 있다. 내국인이 아닌 해외 부유층을 대상으로 삼는 전략은 결코 잘못된 것이 아니다.

다카하시는 니세코의 성공 사례를 통하여 전국의 일률적인 지방 창생에 의문을 제기하고 있다. 지방창생은 일본이 꾸준히 노력하고 있는 과제다. 과소화 지역에 공공 인프라와 서비스를 정비하고, 공항 건설과 고속철도를 놓고 재해 대책까지 마련하는 것은 예산이 아무리 많다고 해도 쉽게 현실화할 수 없다.

따라서 사람이 살 곳과 살지 않을 곳을 구분하여 개발 지역을 제한하여야 한다는 것이 다카하시의 생각이다. 필자도 그의 생각에 일정 동의한다. 선택과 집중 없이 너도나도 같은 방법으로 지역 개발을 한다면 큰 효과는 나오지 않을 것이다. 축제와 같은 대중적인 콘텐츠 개발, 워케이션이나 원격 근무로의 전환, 인센티브 제공의 이주 촉진과 같은 천편일률적인 대책으로는 작은 파이를 서로 나눠 먹는 격이 되고 만다. 니세코는 양질의 스노우 파우더라는 콘텐츠를 활용하여 외국인 관광객, 부유층, 스키로 타깃을 좁혔기 때문에 성공할 수 있었다.

지방은 다양하여야 한다. 그런 의미에서 '선택과 집중'을 통하여 각 지자체마다 생존 방법을 찾아 나서야 한다. 리조트도 있고, 자연과 전통문화를 관광자원으로 이용하거나 전원주택과 같은 삶을 지향할 수도 있다. 지자체는 이웃 지자체가 하는 것을 따라 할 것이 아니라 자기 지역의 특성에 맞는 콘텐츠를 개발하여 지역 갱생을 도모하는 것이 성공의 지름길일 것이다.

자주보육으로 출생율 최고 기록

인구 동태는 자연 증감과 사회 증감으로 이루어진다. 이 관계는 독립적이지 않다. 젊은 세대의 전입이 많아지면 출생 수가 증가하고, 그 반대이면 출생 수에 부정적인 영향을 미친다. 사회 증감 요인은 고용 기회와 크게 관련되어 있다. 이는 지역의 산업 진흥책과 관계가 깊다.

또한, 육아를 위한 보조 시책이 충실해지면 입소문을 타고 전입자 수가 늘어 사회 증가로 이어진다. 이처럼 자연 증감과 사회 증감은 불가분의 관계이다. 따라서 지역 정책의 관점에서 보면 산업 진흥책과 저출산 대책은 연동되어 있다.

이런 원리가 잘 작동되는 지자체들이 있다. 그 중 한 예가 일본

오카야마현 나기초(奈義町)이다. 육상 자위대가 주둔하고 있는 이 마을은 면적 69.54㎢에 주민 약 5,700명이 살고 있다. 재정력 지수는 0.32로 다른 지자체에 비하여 자립도가 높다. 산기슭에 집들이 옹기종기 모여 있는 나기초는 일본의 평범한 여느 마을과 비슷하다. 그러나 자세히 들여다보면 특별한 것이 눈에 띈다. 바로 아기들이다.

이 지역에 사는 후쿠다 유키는 세 자녀를 둔 엄마다. 그녀의 겨울 코트 밑으로 볼록한 배가 보인다. 이곳은 한 여성이 평생 낳는 아이의 추계 인원을 나타내는 합계출산율이 전국 평균을 크게 웃돈다. 2005년 1.41로 내려갔지만 2014년 2.81. 2019년 2.95로

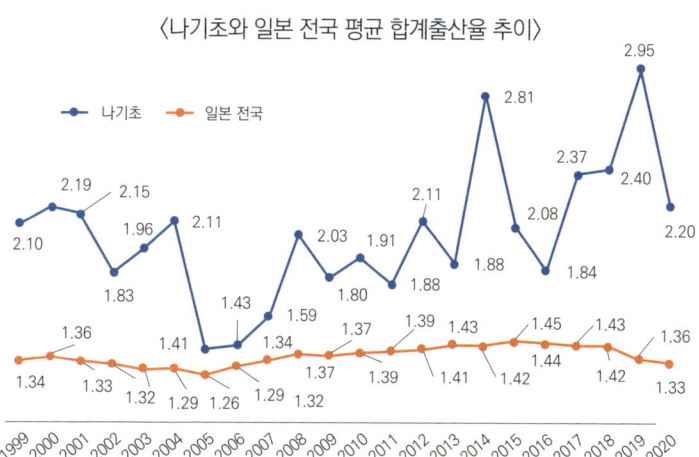

출처 : 島澤 諭 (https://agora-web.jp/archives/230222000615.html)

매우 높아졌으나 현재는 약간 저하된 상태다.

출산율이 껑충 뛰자 나기초는 '기적의 마을'로 불리기 시작하였다. 나기산에서 흘러내리는 물에 다산을 촉진하는 무언가가 있는 것은 아닌가 알아보려고 각지에서 기자들이 이 외딴 마을로 몰려들었다. 하지만 그 원인은 경제적인 것으로 나타났다. 아이 수가 부족하자 나기초는 출산과 관련된 인센티브를 확대하여 나갔다.

고교생까지 의료비를 무료화하고 취학 지원비 연 13만 5천 엔, 다자녀 보육료 감면 등 20개 이상의 항목을 지정하였다. 재택육아지원수당, 난임치료수당과 같은 과감한 육아지원책을 펼치기 시작하였다. 젊은 층을 유인하기 위하여서는 안심하고 아이를 키울 수 있는 환경이 전제되어야 한다. 맞벌이 가정이 늘어나면서 유치원이 끝난 후에도 아이를 맡아주는 곳을 늘렸고, 초등학생의 교재비도 무상화하였다.

맞벌이 가정이 아이를 시립 어린이집에 맡길 경우 보육료를 국가 기준의 절반 정도로 낮추고, 만 3세까지는 반값, 만 4세 이상은 무료로 하였다. 많은 부모는 아이가 어릴 때 함께 지내고 싶어 한다. 이 경우 보육료 혜택이 적용되지 않는다. 따라서 집에서 아이를 키우는 가정은 '가정양육지원금'으로 취학 전 아동 1인당 월

1만 5천 엔을 지급한다. 이는 지난 2015년부터 시작된 마을의 대표적인 시책으로 모든 양육 가구를 응원한다는 메시지를 담고 있다. 재원은 지자체 직원과 의원 정수를 줄이고 보조금을 삭감하여 마련한 1억 5천만 엔이 사용된다.

그러나 경제적 지원만으로는 결코 충분치 않다. 이를 인식한 나기초는 '마을 주민'을 중심으로 지역 활동을 활성화하였다. 주민끼리의 활발한 교류와 행정 시책이 잘 돌아가도록 운영하고 있다. 나기초가 '기적의 마을'로 주목받고 있는 이유는 획기적인 시책을 내세워서가 아니고 지역의 요구를 주민 참여형 시책에 반영하고, 주민 의식을 높이면서 점차 지원책을 확충하는 노력을 하고 있는 데 있다.

육아 문제로 당황하고 스트레스를 받는 부모도 많다. 예전에는 주변에 경험이 풍부한 할머니가 있어 다양한 조언을 해주었다. 그러나 지금은 핵가족화로 인해 이런 모습을 찾아보기가 힘들다. 지난 2000년 개원한 '나기차일드홈'이 이 기능을 수행해 주고 있다. 이곳에는 보육교사도 상주하지만 부모들이 교대로 아이를 돌보는 보호자 당번제 자주보육을 실시하고 있다. 이곳은 부모들 간의 교류의 장이 되기도 한다. 육아가 고통이 아닌 즐거운 마을로 변신한 것이다.

나기초의 목표는 현재의 인구를 그대로 유지하는 것이다. 일본 총무성 통계국이 2021년 11월 30일 발표한 인구조사 결과에 따르면, 2020년 나기초의 인구는 5,578명으로 5년 전과 비교하면 5.6% 포인트 감소하였다. 그러나 다행스럽게도 국립사회보장-인구문제연구소가 2015년까지의 인구조사 추이를 바탕으로 예측한 2020년 인구보다 256명(4.8%)이 많아 예측치를 크게 웃도는 수치이다. 이는 나기초가 육아 지원책을 꾸준히 강화하여 출산율을 끌어 올린 덕이 아닌가 싶다.

나기초의 이러한 변화는 마을 시설의 집중화이다. 마을 중앙의 서남쪽에 위치한 동사무소 주변에는 마을문화센터, 마을보건상담센터, 나기초현대미술관, 마을도서관, 어린이집, 나기차일드홈 등 주요 시설들이 모여 있다. 또 조금만 걸어가면 개호예방시설 워킹풀과 정주촉진시설인 센터빌리지 나기가 있다. 마을이 콤팩트하게 꾸며져 있어 휴일에는 가족이 아이를 데리고 나와 함께 즐길 수 있다.

아기들의 천국이 된 나기초에는 이를 보러 일본 국내뿐만 아니라 미국, 한국, 네덜란드, 카타르 등 해외의 지자체에서 견학하러 오는 발걸음도 이어진다. 2023년 2월 19일 기시다 후미오 총리도 이 마을을 시찰하였다. 기시다 총리는 독자적인 육아 지원책과 청년 정착 등을 추진해 온 나기초에서 "구체적인 방안 마련에 참고가 될 귀중한 시사점을 많이 받았습니다. 아이·육아 정책의 강화에는 시책의 확충도 중요하지만, 무엇보다 사회 전체의 의식을 바꾸어 가는 것이 중요합니다."라고 강조하였다.

 나기초에서 얻을 수 있는 교훈은, 중앙정부는 아동수당과 같은 일률적인 경제적 지원을 강화해 주고 지방정부는 지역 실정에 맞는 육아 지원책을 마련하도록 하는 것이다. 나기초의 수장 오쿠마사치카(奧正親)는 2023년 4월 8일 요미우리신문과의 인터뷰에서 "국가도 지자체도 행정을 맡은 사람은 마라톤 선수가 아닌 릴레이 주자와 같습니다. 맡은 바 소임을 다한 후 다음 세대에 잘 넘겨주는 것이 우리의 큰 사명입니다."라는 말을 하였다. 참 멋진 리더다. 출산정책은 근시적으로 접근하여 돈만 뿌린다고 되는 것이 아니다. 보다 큰 틀 속에서 장기적으로 접근하여야 좋은 결과가 나올 수 있음이 분명하다.

청년이 청년을 부르는 원격 근무

　과소화 지역 활성화 방안으로 원격 근무 환경 조성이 주목을 끌고 있다. 회사에 출근하지 않고도 일을 할 수 있는 원격 작업 방식은 직장인들이 거주지를 제한받지 않는다는 이점이 있다. 따라서 고향으로 돌아가고 싶은 사람, 지방에서 살고 싶은 사람이 늘어날 수 있어 '지방창생'에 큰 도움이 된다.

　이런 관점에서 일본은 원격 근무 활성화에 노력하고 있다. 일본 정부는 지난 코로나 정국에서 원격 근무를 권장하면서 이 새로운 작업방식은 사회 전반으로 확대되고 있다. 그러나 일본이 원격 근무에 대하여 고민하기 시작한 것은 코로나19 훨씬 이전으로 거슬러 올라간다.

2014년 일본 정부는 도시·사람·일자리 창생 종합전략을 수립하고, 인구 급감·초고령화사회 대책 방안의 하나로 원격 근무 정책을 수립하였다. 이 정책은 그 후 코로나에 대응하기 위하여 '마을·사람·일자리 창생 기본방침 2020'으로 진화하면서 탄력을 받기 시작하였다. 지난 3월 일본 국토교통성이 발표한 '원격 근무 인구 실태조사'에 따르면 2022년 기준 원격 근무 비율은 전국 평균 26%, 수도권은 40%로 집계되었다.

원격 근무 활성화는 위성 오피스의 정비·개설·운영 등이 수반되어야 가능하다. 이를 추진하고 정비하려는 일본의 지자체는 점점 증가하고 있다. 홋카이도 기타미시, 후쿠시마현 아이즈시, 도쿠시마현 가미야마초(神山町) 등이 대표적인 예이다.

이 중 가미야마초는 원격 근무지의 성지로 명성이 높다. 시코쿠 동부 도쿠시마현(德島県)에 위치한 가미야마초는 1955년 주변의 5개 마을을 합병하여 인구 2만 명의 지자체가 되었으나 기간산업이던 임업이 쇠퇴하면서 1970년대초 1만 3천 명으로 감소하였고 현재는 5천여 명의 주민만 살고 있다.

2011년 한해에는 인구가 27명 증가하였으나 그 이후 줄곧 감소세를 면치 못하였다. 그러나 2022년부터 전입자 수가 전출자 수를 넘는 이변이 일어났다. 매년 전입자 수는 100명 이상이고 그

중 20대와 30대 청년층이 절반에 달한다. 이는 젊은 층의 유출로 고령화가 심각한 다른 과소지역과는 큰 차이가 있다.

왜 시골 지역에 젊은이들이 이토록 몰리고 있는 것일까? 도쿠시마시에서 국도 438호선을 타고 자동차로 30~40분 달리면 산속의 목가적인 풍경이 눈에 들어온다. 긴 터널을 지나면 1,000미터 높이의 산으로 둘러싸인 가미야마초가 있다. 도로를 따라 가면 가미야마초가 자랑하는 아쿠이강(鮎喰川)이 흐른다. 도쿠시마공항에서 자동차를 이용하면 약 1시간 거리이기도 하다.

가미야마초가 지방창생을 위하여 시작한 전략은 먼저 과소화를 인정하고 기존의 산업인 농림업에만 의존하지 않으며 여기에 맞추어 외부에서 청년과 우수한 인재를 확보할 수 있는 프로젝트를 개발하였다.

그래서 나온 것이 2004년 시작된 '가미야마 프로젝트'다. NPO 단체 그린밸리가 주체가 되어 본사와 멀리 떨어진 곳에 거점을 둔 위성 사무실을 가미야마초에 열고, 장래가 유망한 기업가나 노동자를 이곳으로 불러오는 워크인 레지던스, 인재 육성을 위한 가미야마주쿠를 시행하였다. 이는 2005년 가미야마초에 광섬유 통신이 깔리면서 더욱 탄력을 받았다.

그린밸리는 1991년 태평양전쟁 전에 미국으로부터 기증받은 푸른 눈의 앨리스 인형을 고향인 펜실베이니아주 윌킨슨시로 돌려보내는 사업을 한 시민단체이다. 이 활동에서 발전하여 가미야마초의 국제 교류를 추진하여 왔고 1999년 아티스트 인 레지던스 사업을 진행하였다. 이 사업은 국내외 예술가들에게 숙박, 아틀리에 등의 서비스를 유상으로 제공함으로써 이주민의 관심을 끌게 되었다.

이러한 경험을 쌓은 그린밸리가 '2010년 가미야마 프로젝트'를 내놓았다. 이 프로젝트는 '창조적 과소'에 목표를 두고 있다. 인구감소라는 과제에 직면하여 과소화 자체를 막는 것은 어렵다고 보고, 인구감소는 받아들이되 질적 유지와 향상을 목표로 하겠다는 것이다.

이주민은 청년과 창의적 인재 등 지역에 필요한 사람을 선별하여 받아들이고, 산간지역이지만 농림업에 의존하지 않고 IT산업과 디지털 영상산업 등 첨단산업을 유치하여 인구 구성에서나 산업 구조에서 균형을 맞추려는 노력을 하였다. 양적 확대가 아닌 질적 향상을 위한 새로운 스타일의 과소지역 활성화 활동을 그린밸리는 '창조적 과소화'라고 명명하였다.

이 프로젝트는 현재 세 가지 형태로 진행되고 있다. 먼저, 워크 인 레지던스 프로젝트는 빈 상가를 비스트로, 카페, 베이커리, 피자가게, 신발가게, 반찬가게, 게스트하우스 등으로 개장하였다.

일반 상가의 빈집 활용과 다른 점은 단순히 빈집을 개업 희망자에게 제공하는 것이 아니라 지역의 미래 일꾼이나 기업가를 지정하여 유치하여 마을을 디자인하는 것이다.

그리고 위성 오피스 사업으로 IT, 영상, 디자인 등 근무지를 가리지 않는 기업들의 유치에 주력하는 것이다. 오래된 민가를 리노베이션하여 건물 외관은 낡았지만 내부는 최신식으로 개조하여 젊은이들이 매력을 느낄 수 있는 원격 근무 환경을 조성하였다. 현재 15개 정도의 위성 사무실이 설치되어 있다.

마지막으로 구직자 지원 훈련인 '가미야마주쿠(神山塾)'를 실시하고 있다. 이는 그린밸리가 후생노동성과 함께 구직자에게 취업을 위한 기술과 경험을 단련하게 할 목적으로 진행한다. 외부에서 노동자를 유치하여 6개월간 가미야마주쿠에서 직업훈련을 거쳐서 창업할 수 있게 한다.

이로 인해 최근 10년간 다양한 기술을 가진 젊은이들이 가미야마로 속속 이주해 오면서 다양한 프로젝트가 생겨나고 있다. 도쿄와 오사카의 IT 벤처기업들이 새로운 작업 방식을 모색하며 이곳에 위성 사무실을 열고 있다. 이 소식은 언론을 타고 일본뿐만 아니라 세계 각지로 퍼져 나가면서 이곳을 벤치마킹하러 찾아오는 방문객이 늘고 있다.

오늘날 가미야마초는 '사람이 사람을 부르는 마을'이 되었다. 여기에는 물리적 요인도 작용하였지만 무엇보다 가미야마초의 문화적 요인이 큰 역할을 하였다. 그것은 바로 원주민들이 텃세를 부리지 않고 외지인을 환영하는 개방문화이다.

가미야마초는 시코쿠 팔십팔개소(四国八十八箇所)의 불교 순례길에 위치하고 있다. 예로부터 순례자들이 오가며 쉬어가는 고장이며 또한 이 순례자들을 대접하는 '접대 문화'가 형성되어 있다. 이 전통문화는 지금도 계속된다. 이는 다양한 직업과 경력을 가진 이주민이나 외국인을 포함한 아티스트, 크리에이터, IT 엔지니어 등을 대범하게 받아들이는 원동력으로 작용하고 있다.

그린밸리는 이러한 기질과 분위기를 잘 이용하여 외부에서 온 사람들과 원주민들이 적극적으로 교류할 수 있도록 가교 역할을 하였다. 이는 외부인과 지역 주민이 함께 이노베이션을 일으킬 수 있게 함으로써 한층 더 새로운 사람들을 불러들이는 선순환 구조를 만들고 있다.

그린밸리 이사장은 "가미야마초 지방창생은 새로운 눈을 가진 사람들이 혁신을 일으킨 것"이라고 표현한다. 과소지역에서 원주민만으로 새로운 눈을 갖기란 쉽지 않기 때문에 외부의 힘을 잘 활용할 수 있어야 한다는 것이다. 그린밸리는 가미야마초가 새로운 안목을 가진 사람들과 원주민들이 자연스럽게 교류할 수 있는 장이 되도록 수년에 걸쳐 노력한 결과 지금처럼 원격 근무지의 성지로 발돋움하게 된 것이다.

결론적으로 가미야마초가 일본 지방창생의 롤모델이 될 수 있었던 것은 접근성이 편리한 교통과 외부인을 환대하는 문화적 토양, 그리고 정부보다 NPO가 중심이 되어 '창조적 과소화'라는 새로운 개념에 착안하여 지역 활성화를 추진한 점으로 볼 수 있다.

고향납세제, 약인가 독인가?

요즘 한국에는 고향사랑 기부제가 붐이다. 지방소멸 위기를 극복하는 한 방안으로 지자체 여기저기서 고향사랑 기부제를 활성화시키고 있다. 이 제도는 사실 일본 후루사토(故郷, 고향) 납세제를 벤치마킹한 것이다. 우리 제도가 잘 운영되기 위하여서는 일본에서 시작된 '고향납세제'가 어떤 경로를 거쳐 오늘에 이르렀는지 살펴볼 필요가 있다.

일본의 고향납세제는 자신이 태어난 고향이나 응원하고 싶은 지자체에 돈을 기부하는 제도로 기부 금액이 2,000엔을 초과하면 그 부분에 대하여 일정 한도까지 소득세와 주민세를 공제하여 주는 제도다. 처음 시행된 2008년에는 납세액이 전국적으로 81.4

억 엔에 불과하였으나 2022년도에는 약 9,654억 엔을 기록하여 14년 만에 무려 100배 이상의 증가를 보였다. 액수의 증가로 봐서는 성공가도를 열심히 달리고 있는 것처럼 보인다.

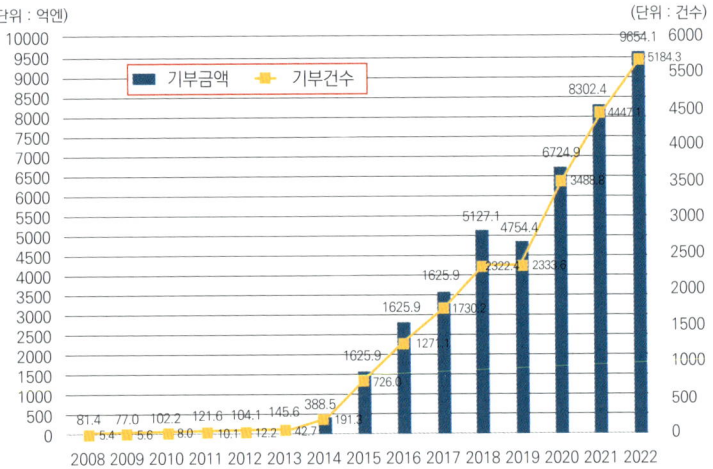

〈고향납세액 변화 추이〉

출처 : 고향납세가이드(2023년 8월 2일)(https://furu-sato.com/magazine/9192/)

이 제도는 2008년 5월 당시 수상이던 스가 요시히데(菅義偉)가 내각부 참사관이었던 다카하시 요이치(高橋洋一)에게 "고향에 납세하고 싶은데 어떻게 할 수 없을까요?"라는 질문을 하면서 시작되었다. 자신을 키워 도시로 내보낸 아키타현이 산업 쇠퇴와 청년 인구의 감소, 고령화 등으로 위기에 처하자 재생을 위하여 무엇이든

하고 싶은 스가 전 수상의 간절한 마음이 제도로 탄생한 것이다.

그러나 당시 일본 관료들은 이 제도를 완강히 반대하였다고 한다. 그 이유는 정부가 세금을 징수하고 배분하는 것이 공정하다고 보았고, 통제가 안 되는 지자체가 발생할 수 있을 것이라고 판단하였기 때문이다. 그러나 스가 총리는 강력한 의지로 고향납세제를 밀어붙였다.

고향납세제는 처음에는 별 반향을 일으키지 못하였다. 기부금액이 5,000엔(현재는 2,000엔)으로 부담이 컸고 기부자가 세금 공제를 받기 위하여서는 확정 신고라는 생소한 절차를 밟아야 하였기 때문이었다. 그러나 2012년 포털사이트가 등장하면서 상황은 반전되었다.

그해 9월 주식회사 트러스트뱅크는 고향에 납세를 하는 사람에게 '답례품'을 주는 고향납세 포털사이트 '고향초이스'를 개설하였다. 이때의 웹 사이트는 단순히 리워드 상품 정보만 모아놓았었다. 그러나 개설 1주년이 지나면서 신청 양식을 제공하고, 2013년 12월에는 신용카드로 결제를 가능하게 하여 편의성을 도모하였다.

특히 트러스트뱅크는 2014년부터 오사카의 이즈미사노시(泉

佐野市)와 제휴를 맺고 기부액이 1억엔 이상 모아지면 성과보수로 10%를 받기로 하였다. 기부금액이 일본 1위가 될 경우는 20%까지 받는 것으로 하였다. 이 연계 때문이었을까? 트러스트뱅크는 포괄 지원 서비스를 상품화하였고 고향납세 시장은 큰 규모로 성장하여 나갔다.

하지만 부작용이 나타났다. 고향납세가 상업화에 물들기 시작한 것이다. 트러스트뱅크는 이즈미사노시 이외에도 전국 지자체의 수장이나 담당자를 대상으로 영업 활동을 본격화하였고 화제성 있는 '고액 답례품'이나 감사의 표시로 '상품권'을 적극적으로 추천하였다. 이는 고향납세제가 답례품 경쟁으로 치닫는 계기가 되었다.

이때 생겨난 말이 '고향납세 3종의 신기'였다. 홋카이도 가미시호로초(上士幌町)의 '소고기', 나가노현(長野県) 아난초(阿南町)의 '쌀', 돗토리현 요나고시(鳥取県 米子市)와 사카이미나토시(境港市)의 '게'를 지칭하는 말로 이는 큰 인기상품이 되었고 게재되면 바로 품절되는 진풍경이 벌어졌다. 훗날 야마가타현(山形県) 덴도시(天童市)의 '과일'이 추가되어 4종으로 늘어났다.

이 외에도 미야자키현 아야초, 사가현 겐카이초 등도 적극적으로 지역특산품을 답례품으로 제공하면서 많은 기부금을 모았다. 아이러니하게도 이 제도를 처음 도입하였던 이즈미사노시는 특산품이 부족하여 위기감에 빠지는 역현상이 벌어졌다.

차츰 다른 민간 포털사이트도 생기며 고향납세제는 크게 알려져 기부 규모도 확대되어 갔다. 그에 따라 대응을 강화하는 지자체가 증가하였다. 총무성은 새로운 고향납세 보급을 목표로 '공제 상한액 2배', '세금 공제의 절차 간소화(원스톱 특례 신청)'를 시도하였다. 그러자 기부 규모가 대폭 확대되었다.

2014년도에 약 388억 엔이던 전국 기부총액이 2015년에 약 1,652억 엔으로 4배나 증가하였다. 이때부터 답례품을 강조하면서 기부를 독려하는 시스템을 비판하는 지자체들이 나오기 시작하였다. 호쿠리쿠(北陸) 지방의 지자체들은 답례품으로 미끼를 던지는 방식은 '고향납세제의 본래 취지'에 부합하지 않다고 목소리를 높였다. 그러자 답례품을 제공하는 지자체는 반론으로 답례품 송부는 '특산품의 PR', '지역 산업의 진흥', '지역 경제의 활성화'라고 주장하였다. 이 프레임은 소구력을 얻어갔다.

특출한 지역 특산품이 없는 지자체는 기부금을 모으기 위하여 환금성이 높은 상품권이나 가전제품, 가구 등 고가 상품을 제공하기 시작하였다. 고향납세제의 애초 취지를 망각하고, 환금성 있는 상품을 제공하는 잘못된 행태까지 벌어진 것이다.

　도쿄도를 중심으로 도시부의 지자체와 국회의원들은 이를 강하게 비판하고 나섰다. 이들은 일본 총무성이 답례품을 규제하길 요망하며 의견을 내기 시작하였다. 결국 2015년 4월 총무성은 답례품을 규제하기에 이르렀다.

답례품에 따른 고향납세 기부액 편차

일본의 고향납세제는 15년이 넘는 역사 속에 지금도 인기가 꽤 높다. 그 비결은 자기 부담금 몇 천 엔으로 지역 특산품을 손에 넣을 수 있다는 점이다. 또한 고향납세제는 '납세'라기 보다 '기부'에 가깝기 때문에 세제 혜택이 주어진다. 이 제도를 이용하면 세금 우대에 답례품까지 받게 된다. 이는 일석이조로 매우 매력적이다.

2023년 고향납세 기부금 총액은 9,654억 엔으로 1조 엔에 육박하면서 이제 고향납세제는 거액의 기부금을 모으는 지자체들에게는 없어서는 안 될 중요한 재원이 되었다. 반면에 이 제도로 인하여 세수가 줄어드는 지자체들도 있어 '악몽같다'는 볼멘소리도 나온다. 모든 제도에는 명과 암이 있다지만 왜 이 제도를 둘러싸

〈일본 고향납세제의 각종 답례품〉

출처: 후루사토 초이스(furusato-tax.jp)

고는 이렇게 평가가 극명하게 엇갈리는 걸까?

일본 총무성에 따르면 지난 2022년 기부금을 가장 많이 모은 지자체는 미야자키현 도조시(宮崎県 都城市)였다. 이 시의 고향납세 기부금 총액은 약 196억 엔으로 이런 거액을 모을 수 있었던 주요 요인은 도조시가 제공하는 미야자키 소고기와 돼지고기 등의 육류와 지역 소주가 답례품으로 큰 인기를 끌기 때문이다.

최근 5년간 이 시가 기록한 성적은 6위→2위→1위→2위→1위였다. 고향납세자들이 도조시의 답례품을 얼마나 좋아하는지 짐작할 수 있다. 이 시는 모은 기부금으로 불임 치료 지원, 공공시설 정비 등을 하고 있고, 이주민 유치를 위한 이사비나 임대료 보조

등 도시 활성화 사업에 투자하고 있다. 그밖에 2022년 고향납세액 랭킹 5위 안에는 홋카이도의 지자체 3곳이 들어 있다. 이 곳은 모두 가리비, 게 등 인기 있는 해산물을 답례품으로 증정하였다.

이 답례품 경쟁은 민간 통합 사이트를 통하여 이루어지고 있다.

〈2022년 고향납세액 상위 20개 지자체〉

순위	도시명	수입액(억엔)	전년도 비증감율	전년도 순위
1	宮崎県　都城市	195.9	34.0	2
2	北海道　紋別市	194.3	27.0	1
3	北海道　根室市	176.1	20.6	3
4	北海道　白糠町	148.3	18.5	4
5	大阪府　泉佐野市	137.7	21.4	5
6	佐賀県　上峰町	108.7	138.6	20
7	京都府　京都市	95.1	52.4	13
8	福岡県　飯塚市	90.9	38.4	10
9	山梨県　富士吉田市	88.1	22.1	9
10	福井県　敦賀市	87.5	13.3	8
11	静岡県　焼津市	75.7	16.8	11
12	北海道　別海町	69.4	182.4	63
13	兵庫県　加西市	63.6	▲1.5	12
14	愛知県　名古屋市	63.2	191.8	76
15	鹿児島県　志布志市	62.2	17.4	15
16	茨城県　境町	59.5	21.8	17
17	宮崎県　宮崎市	56.5	113.2	54
18	茨城県　守谷市	55.7	60.7	31
19	千葉県　勝浦市	55.3	134.9	69
20	新潟県　燕市	54.9	23.7	23

출처: 일본 총무성

지자체가 답례품이나 사이트 위탁 사업자에게 많은 경비를 투입하여 결과적으로 지역을 응원하기 위한 기부금이 고향사랑 상품권 운영 경비로 전락하는 구조이다. 인터넷에는 중개 사이트가 넘쳐나고, 어느 지자체가 고가의 답례품을 제공하는지를 특집으로 다루며, 기부금액 대비 답례품의 가치를 가성비라며 서열화하기에 바쁘다. 기부란 순수한 마음으로 그 어떤 대가도 바라지 않고 행하는 선행이지만 고향납세제는 이런 취지와 거리가 멀어지고 있다.

또한, 고향납세 이용자는 기부액에서 2,000엔을 제외한 전액을 소득세와 주민세에서 공제받을 수 있다. 소득세 공제는 일반 지자체에 기부하는 경우와 동일하다. 여기에 주민세 공제까지 추가되고 있어 다소 문제가 되고 있다. 주민세 공제는 고향납세자가 거주하는 지자체의 세수 감소로 이어지기 때문이다.

세수가 줄어들면 생활에 필요한 주민 서비스의 질과 양이 저하된다. 본인이 살고 있지 않는 다른 지역에 고향납세를 함으로써, 정작 살고 있는 지역에는 주민세를 내지 않는데 주민세를 내는 사람과 동일한 행정 서비스를 받는다면 이는 공정한 것일까?

도쿄의 23구 중 가장 인구가 많은 세타가야구(世田谷区)는 이 문제를 둘러싸고 논쟁이 뜨겁다. 이 지자체는 고향납세제로 인하여

2023년 주민세 수입 감소가 약 98억 2,900만 엔에 이르렀다. 이는 2022년보다 10억 엔 이상 늘어난 것이다. 감세총액은 요코하마시, 나고야시, 오사카시, 가와사키시에 이어 전국에서 5번째로 많다. 하지만 이 도시들에 비해 세타가야구는 인구 규모가 작아 공제 대상자 1인당 공제액, 즉 감세액은 더욱 크다.

〈고향납세제의 영향으로 2023년 주민세가 감소된 지자체〉

순위	지자체	감세액
1	요코하마시(横浜市)	272억 4,200만엔
2	나고야시(名古屋市)	159억 2,600만엔
3	오사카시(大阪市)	148억 5,300만엔
4	가와사키시(川崎市)	121억 1,500만엔
5	동경 세타가야구(東京世田谷区)	98억 2,300만엔

출처: NHK 수도권 뉴스(2023년 8월 4일)

그간 세타가야구는 고향납세제의 재검토를 호소하면서 답례품 경쟁에는 가담하지 않고 의료지원, 돌봄 아동 지원 등 사회공헌, 혹은 지역공헌형 기부를 모집하는 데 그쳤다. 그러나 지난해 11월 어쩔 수 없이 정책을 전환하고 고향납세제 전용 사이트를 개설하였다.

답례품 경쟁에 뛰어든 세타가야구는 답례품으로 유명 가게의

구운 과자 세트, 로스트비프 등 약 100개의 제품과 서비스를 추가하였다. 그 결과, 2023년 한 해 동안 모은 고향납세액은 약 2억 8,600만 엔으로 이는 전년도 약 1억 4,900만 엔에 비해 2배 가까이 올라간 수치다. 하지만 '답례품 유출액'에 비하면 이는 터무니없는 수치이다.

호사카 노부토(保坂 展人) 세타가야 구청장은 이대로 가다가는 '도시 대 지방'의 대립이 커질 수밖에 없다고 주장한다. 그는 "도시에 사람과 경제가 집중되고 있어 지방과 균형을 맞추려는 고향납세의 취지는 이해합니다만, 이 경쟁 원리가 도시와 지방, 혹은 지방과 지방 간의 갈등을 심화시킬까 우려스럽군요."라고 말하였다.

마츠모토 다케아키(松本 剛明) 총무대신은 2023년 8월 1일 기자회견에서 "고향납세는 해마다 인지도가 높아지고 있고, 기부금은 다양한 지역 과제 해결을 위하여 사용되고 있습니다. 답례품은 새로운 지역 자원의 발굴을 촉진하고 고용과 일자리를 창출하는 측면이 있지요."라고 말하였다. 그는 답례품에 대해 "새로운 지역 자원의 발굴을 촉진하여 고용 창출과 지역 경제 활성화로 이어지는 측면도 있습니다."라고 강조하였다.

한편, 인구가 많은 도시지역에서 지방으로 세금이 유출되는 상황에 대하여 그는 "결과적으로 개인 주민세 공제액이 세수 증가액을 초과하는 단체가 발생하여 기부금의 절반 이상이 지역을 위하여 활용될 수 있도록 규칙을 개정하였습니다. 각 지자체 납세자의 이해를 구하면서 본래 취지에 맞게 적정하게 운용될 수 있도록 최선을 다하겠다."고 다짐하였다.

결론적으로 일본 고향납세제는 도시와 지방의 격차를 시정하기 위한 수단으로 고안된 것이다. 따라서 과도한 환원금 경쟁을 멈추고 규칙에 맞게 기부를 호소할 수 있어야 한다. 이용자들도 이 제도가 자신의 고장과 돕고자 하는 지자체에 어떤 영향을 끼치는지 신중하게 생각해 보고 적정선에서 활용할 필요성이 있다.

고향납세제가 나아가야 할 방향

그간 일본 고향납세제에 대하여 살펴보았다. 이 제도의 장점과 단점은 분명히 존재한다. 장점은 기업처럼 비즈니스 경쟁 원리를 도입하여 각 지역의 창의적 연구 촉진과 매력도 향상을 도모하고, 이를 통해 지자체의 재원 증가, 자원 활용을 통한 지역 산업의 강화, 지역 중소기업의 경영력 향상, 그리고 시민 참여의 촉진을 가져올 수 있다.

단점은 지자체 간 과도한 답례품 경쟁으로 지역 간 격차 확대와 형평성을 훼손한다. 인기상품인 고기, 해산물, 쌀, 과일 등이 있는 지자체는 이 답례품을 통하여 기부금 획득에 매우 유리하고 그렇지 않은 지자체는 아주 불리하다. 또 제도 설계상 도시지역 지자체의 세금이 지방 지자체로 이전되기 때문에 전자의 불만을 해소하기 어렵다.

그러나 이 제도 외에는 아직 획기적인 지방창생 정책을 마련하지 못하고 있기 때문에 고향납세제를 무시하기는 어렵다고 한다. 그렇다고 하여 이 제도를 현 상태로 유지해도 좋다는 것을 의미하지는 않는다. 고향납세제의 긍정적인 면을 확대하고 부정적인 면을 축소하기 위하여서는 계속적인 논의와 개선방안이 필요하다는 목소리가 높다.

따라서 개선책으로 논의되고 있는 방안은 기부금을 많이 모은 자치체가 다른 지자체와 협력하여 기부금을 공유하는 것이다. 그러나 이는 실제로 회계상 어려움이 따를 것으로 보인다. 현실적인 해결책으로, 게이오대학 종합정책학부 다카아끼 호다(隆明 保田) 교수는 한 지자체가 모을 수 있는 기부액에 상한선을 둘 것을 제안한다.

주민이 수만 명에 불과한 지자체가 백억 엔 가까운 기부금을 모았다고 치자. 이 지자체의 주민 서비스는 대폭 향상될 것이다. 따라서 인근 지자체로부터 이주가 촉진되고 다른 지자체는 쇠퇴하게 될 것이다. 또한 한 지자체가 마을의 규모에 비해 너무 많은 기부금을 모으면 그 지역의 규모에 걸맞지 않아 이를 운용하는데 어려움이 따르게 된다. 이를 방지하기 위하여 한 지역의 기부금 상한선을 책정할 필요가 있다고 강조한다.

또한 호다 교수는 개인이 기부할 수 있는 고향납세액에도 상한을 둘 것을 제안한다. 현재는 개인이 고향납세를 실시할 수 있는 상한액으로 주민세의 약 20%라는 기준이 존재하지만 그보다 많은 금액을 기부할 수도 있다. 그러나 이 초과분은 세금의 공제나 환급의 대상이 되지 않기 때문에 자기 부담이 된다. 실질적인 자기 부담액은 고액 소득자든 저액 소득자든 같은 2,000엔이기 때문에 고액 소득자 쪽의 이득이 크다는 비판이다.

무엇보다 고액 소득자의 경우 답례품 합계 금액이 50만 엔을 초과할 경우 일시소득으로 간주되어 답례품은 과세대상이 되므로 고액 소득자일수록 이득이라는 논란은 다소 과장된 측면도 있다는 주장이다. 다만, 고액 소득자를 안고 있는 지자체로서는 한 개인의 기부에 의하여해당 지자체의 세수가 크게 유출되기 때문에 완화할 필요가 있다.

1인당 연간 150만 엔까지의 상한액을 설정하면 도시로부터의 자금 유출에도 어느 정도 제동이 걸려 고액 소득자일수록 이득이라는 상황도 시정될 수 있을 것이다. 고액 소득자가 받을 수 있는 답례품 금액도 45만 엔 상당이므로(150만 엔의 30% 상당) 일시소득의 한도 내에 들어가게 된다는 주장이다.

한편, 기부금의 사용처를 엄격히 따져 지자체의 재정운영을 투명하게 하는 크라우드 펀딩형 고향납세제도에 대한 관심이 커지고 있다. 이 제도는 고향납세제 본래의 목적인 '지역을 응원하고 싶다', '지역에 공헌하고 싶다'는 순수한 마음을 사업에 보다 잘 반영시키기 위하여 기부금의 사용처로 구체적인 사업을 제시하고, 그 사업에 공감하는 사람으로부터 기부를 받는 형태다. 또, 프로젝트의 투명성과 구체성이 요구되기 때문에 지자체는 프로젝트의 기획이나 진행, 성과에 대하여 보다 상세하게 정보를 공개하여야 한다.

이러한 주장은 현행 고향납세제를 개선할 수 있는 이상적인 형태로 일본의 여러 지자체가 관심을 보이고 있다. 그 중 대표적인 곳이 후쿠이현 사카이시(福井県 坂井市)이다. 이 시는 기부금 활용에 시민을 참여시킨다. 시민이 자부심을 지니고 시정에 참여한다는 관점에서 기부를 통한 '시민 참여형 사회'를 구축하고 있는 것이다.

이 시는 2008년 '기부에 의한 시민 참여 조례'를 제정하고 기부

시민 참여제도를 도입하였다. 이 제도는 조례에 규정된 정책 항목에 대하여 기부금을 활용할 사업을 시민들에게 공모한다. 그리고 기부금 시민참여기금 검토위원회는 채택된 사업에 대하여 기부금을 모집하여 기금으로 적립하고, 목표액에 도달하면 사업화한다. 시민 공모를 통하여 시민이 원하는 행정서비스 제공에 기부금을 활용한다. 또한, 고향납세제를 활용한 외부의 시각 및 전문적 의견을 확보하여 효과적인 도시 조성과 관련 인구 창출을 도모하고 있다.

사카이시는 홈페이지나 포털사이트에 사업 내용과 기부금 목표액을 명시한 후 기부금을 모금하고 있다. 외부에서 투명하게 볼 수 있도록 사업 제시와 선택의 기회를 부여하고, 고향납세의 의의 중 하나인 납세자의 선택권을 보장하는 것이다.

또한 구체적인 사업 내용을 제시하여 납세자의 사업에 대한 이해도를 높이고 자치의식의 진화로 이어지게 한다. 실적보고에 대해서도 활용된 사업명, 내용, 기부금 활용액 등을 사진까지 제시하면서 보다 구체적으로 보고하고 홈페이지와 포털사이트에도 동일하게 공개한다. 기부금 활용의 투명성을 높임으로써 납세자가 사업에 기여하고 있다는 만족감을 느낄 수 있게 한다.

그리고 지역 자원을 활용하여 기부한 납세자를 마을 만들기 사업에 참여시킨다. 사카이시에서는 현존하는 12개의 천수각 중 호쿠리쿠(北陸) 지방 유일의 '마루오카성(丸岡城)'을 지키기 위하여 '마루오카성 백 입 성주 프로젝트'를 진행 중이다. 마루오카 성 백 입 성주는 '한 입'으로 끝나는 것이 아니라 '백 입'이 지속될 정도의 관계를 쌓아가자는 희망을 이야기한다.

이런 마음을 담아 프로젝트를 제시함으로써 시민이 자신의 의견뿐만 아니라 아이디어를 내게 하고, 마루오카성을 중심으로 성 주변의 마을 정비에도 적극적이고 지속적으로 참여할 수 있게 한다.

〈마루오카성의 '성주' 모집 광고〉

출처 : 후루사토 초이스(https://www.furusato-tax.jp/feature/detail/18210/3989)

일본 _ 211

이처럼 크라우드 펀딩형 고향납세제는 사업에 대한 목적과 내용을 제시하고 동의를 얻은 후 기부를 받는 형식이다. 납세자는 자신의 의지로 기부하고자 하는 지자체의 사업을 확인한 후 기부하고, 지자체는 납세자로부터 자금 지원을 받기 위하여 효과적인 정보 전달, 사업의 타당성 확보 등을 제시한다. 납세자의 명확한 지지하에 사업 자금을 사용하기 때문에 보다 효과적인 사업 운영과 자금 활용에 대한 의식이 높아져 사업의 규율 확보가 가능해진다. 크라우드 펀딩형 고향납세는 납세자의 선택을 보장하고 고향의 소중함, 자치 의식의 강화를 높일 수 있는 이상적인 제도로 보여진다.

〈마루오카성 '백 입' 성주 공고문〉

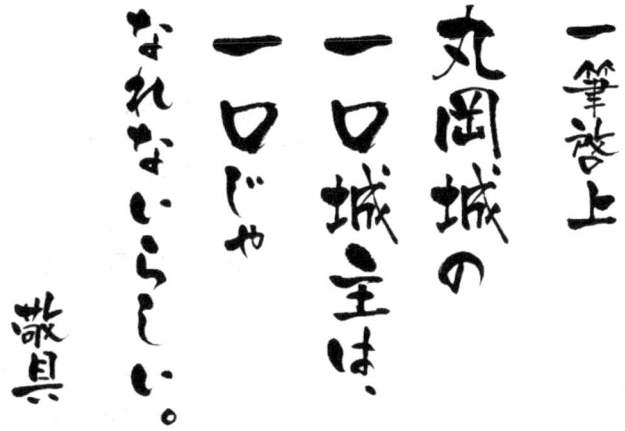

"마루오카 성의 한 입 성주는 한 입으로 끝나는 것이 아닙니다."라고 쓰여 있다.
출처: 후루사토 초이스(https://www.furusato-tax.jp/feature/detail/18210/3989)

지방소멸, 세계를 가다

베트남

도·농 균형발전을 위한 신농촌운동

베트남 인구는 2024년 기준 1억 명으로 추산되고 있다. 이는 인도네시아와 필리핀에 이어 동남아시아 국가에서는 3번째로 많으며 세계 인구 순위에서도 15번째로 많은 숫자이다.

2009년부터 2019년까지 10년 동안 베트남의 인구는 1,040만 명이 증가하면서 연평균 성장률 1.14%로 비교적 안정적인 수준을 유지하였다. 그러나 2020년에 들어서면서 합계출산율이 급격하게 감소하고 있다. 2024년 기준 1.91명으로 합계출산율은 점점 낮아지고 있어 고령화와 인구감소에 대한 우려가 야기된다.

일부 지역에서는 출산율 감소가 가파르고 출생시 성비의 불균형도 증가하고 있다. 베트남 공산당중앙위원회는 2017년 10월

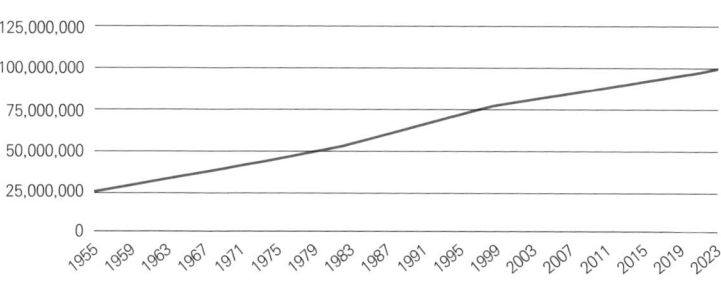

〈베트남의 인구 변화 추이〉

출처 : https://countrymeters.info/fr/Vietnam

25일 제6차 전체회의를 통하여 새 정부의 인구정책으로 인구 규모, 구조, 분포 및 질적 조치를 동시에 시행하고 사회·경제 발전과 연계할 것을 발표하였다.

그후 2019년 11월 22일, 응우엔 쑤언 푹 총리는 '베트남의 인구통계 전략 2030'을 승인하는 결정 제169호에 서명하였다. 이 문서는 베트남의 인구정책의 방향 전환을 위하여 가족계획부터 인구 개발까지 주요 문제를 전반적으로 다루고 있다.

베트남에서 인구밀도가 가장 높은 지역인 북쪽 홍강 삼각주의 인구밀도는 1㎢당 1,060명이다. 반면에 인구밀도가 가장 낮은 남부 고원지대는 1㎢당 107명이다. 국토의 길이가 남북으로 약 1,650km에 달하는 베트남은 인구의 34.9%가 도시에 거주하고 있다. 이 중에서 23%에 달하는 2,250만 명은 수도 하노이와 접하고 있는 홍강 삼각주 지역에, 22%는 호찌민시가 있는 남부지역의 메콩 삼각주에 거주하고 있다.

특히 수도인 북부지역 하노이에는 전체 인구의 9.3%인 900만 명이 살고 있으며 베트남의 제2도시인 호찌민시의 인구도 800만 명이 넘는다. 나머지 인구는 주로 3,260km의 해안선을 따라 분포하고 있다.

1960년 세계은행이 발표한 통계에 따르면 베트남 인구의 85%는 농촌 지역에, 15%는 도시 지역에 거주하였다. 그 당시 세계 평균 농촌 인구 비율이 66%였고, 도시 인구 비율은 34%였던 것에 비하면 베트남의 농촌 인구 비율은 매우 높은 편이었다. 그러나 1980년대에 시작된 도이모이(doimoi) 정책으로 인구의 도시 집중화가 이루어지면서 도시 인구가 증가하기 시작하였다.

도이모이는 베트남어로 '쇄신'을 뜻한다. 이 정책으로 베트남은 관리형 사회주의 경제체제에서 '사회주의 시장경제'로 전환하였다. 이 도이모이에 힘입어 베트남은 반도시 정책에서 벗어났다. 도시는 사회주의 시대에 박탈당했던 경제 및 상업의 거점 역할을 되찾으면서 인구의 증가와 도시 공간의 확장이 일어났다.

인구의 농촌 이탈이 증가하면서 1986년 이후 매년 평균 10개의 도시 지역이 생겨났다. 2020년 말 베트남의 도시화율은 39.3%로 베트남인 10명 중 4명은 도시에 사는 것으로 나타났다. 전 세계 인구의 10명 중 5.5명이 도시에 사는 것과 비교하면 아직은 농촌 인구가 많은 편이다. 베트남을 여행하는 사람들이 다른 나라에 비하여 농촌지역이 활기차다고 느끼는 것은 이 때문일 것이다.

하지만 다른 산업화 국가와 마찬가지로 베트남에서도 대도시가 확장되면서 농촌의 인구는 계속해서 줄어들고 있다. 베트남 공산당중앙위원회와 유엔개발계획이 공동으로 진행한 조사에 따르면, 현지 이주자를 가장 많이 유치하는 곳은 경제수도 호찌민시가 22.4%, 하노이시가 13.7%를 차지한다. 그 다음은 람동(5.6%), 다낭(5%), 껀터(4.9%)의 순이다.

유엔은 2035년경이 되면 베트남의 도시 인구는 농촌 인구를 추월할 것으로 추정하고 있다. 2045년에는 도시화율이 51.1%에 달하고 2050년대에는 현재의 세계 도시화율 55%를 따라잡을 것으로 예상한다.

경제적 어려움과 가혹한 기후 조건으로 인하여 고향을 떠나고 싶어 하는 주민의 비율이 가장 높은 곳은 베트남 중부의 중앙 산

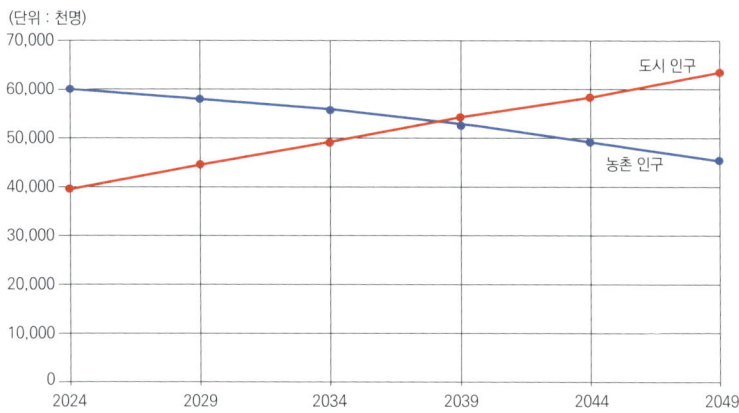

〈베트남의 도시 인구와 농촌 인구 변화 예상도〉

출처 : General Statistics Office (GSO), United Nation Population Fund (UNFPA), 2016, Vietnam population projection 2014-2049, Hanoi.

맥 지역이다. 또 다른 지속적인 역학은 메콩강 삼각주에서 주로 호찌민시로 이주하는 기후 난민이다. 이는 2020년 삼각주 주민 130만 명, 전체 인구의 7.5%에게 영향을 미친 것으로 나타났다.

2020년 베트남 내부 이주민의 49.8%는 농촌을 떠나 도시로, 2.9%는 도시를 떠나 시골로 이동하였으며, 나머지(47.3%)는 농촌-농촌 간 이동이었다. 따라서 베트남에서는 농촌 이탈이 한국이나 일본보다 많지는 않지만 이곳 역시 농촌 인구가 도시로 이동하고 있다.

불과 몇 년 만에 호찌민시, 빈즈엉, 동나이, 바리아-붕따우 지역이 이주의 주요 지역이 되었으며, 홍강 삼각주가 그 뒤를 바짝 쫓고 있다. 대도시를 중심으로 한 도시의 경제적 역동성에 매료된 농촌 이주자의 대다수는 여성이며, 이는 남성보다 여성에게 합당한 일이 더 많은 산업상의 이유로 설명할 수 있다. 이주민의 평균 연령은 29.2세, 85%가 15~39세로 비교적 젊은 편이다.

이들은 일자리를 찾기 위하여 도시로 이동하면서 도시와 농촌의 인구학적 균형을 뒤흔들고 있다. 농촌은 남성과 노년층의 공간으로 자리매김하고 있다. 단지 이주민의 상당수가 도시에서 일정 기간 생활한 후 다시 마을로 돌아오기 때문에 양방향으로 이주가

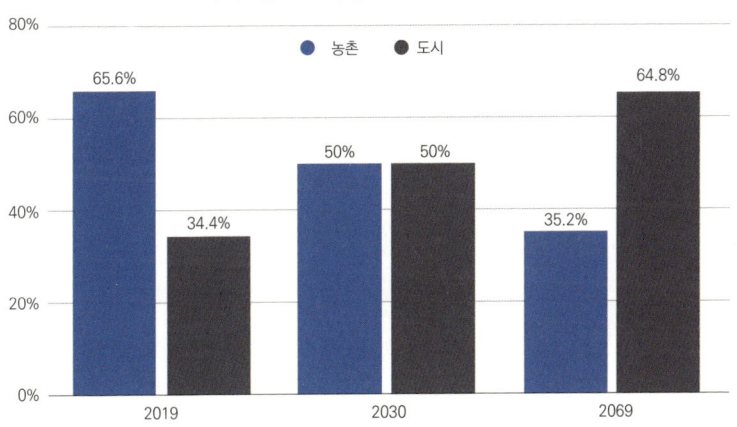

〈베트남 도시와 농촌 인구 분포 전망〉

출처: statista 2025

이루어지고 있는 점이 한국과 다르다. 전국적으로 도시 거주자 수는 계속 증가하는 반면, 농촌에 거주하는 인구의 비율은 점차 감소하고 있지만 2021년에는 6,080만 명(도시 3,380만 명 대비)으로 여전히 높은 수준을 유지하고 있다.

베트남 정부는 도이모이 정책 초기부터 신농촌사회 건설과 농업구조 조정의 필요성에 대하여 고민하였다. 그 후 수출을 위한 집약적 농업 개발로 초점이 옮겨 갔다. 1990년대 메콩 삼각주에서 3년에 한 번씩 쌀 수확을 체계화한 것이 바로 이런 방식이다. 그리고 도로, 교량, 통신과 같은 새로운 인프라를 구축하여 국가 중심부, 산악지대, 메콩 삼각주 등 많은 지역을 개방하고 있다.

아울러 농촌 개발을 위하여 2010년부터 전국적으로 신농촌 건설 운동을 시작하였다. 이 운동은 산업화에 따른 도시와 농촌의 불균형 발전을 시정하여 풍부한 농촌생활을 위한 지역 만들기에 목표를 두고 있다. 베트남 정부가 추진하는 신농촌 프로그램은 농촌 주민들의 물질적, 정신적 삶을 향상시키기 위한 것이다.

물질적, 사회적 관점에서 현대적 기반시설과 합리적인 경제구조를 갖춘 새로운 농촌을 건설하여, 산업과 서비스가 연계된 농업을 발전시키고, 국가 정체성을 유지하면서 안정적인 농촌사회를 보장하고 주민의 안정을 꾀하려는 목표를 지니고 있다.

베트남

공동체 정신으로 농촌 강화에 성공한 마을들

다른 나라와 마찬가지로 베트남에서도 대도시는 점점 더 매력적으로 변하면서 농촌 지역의 인구를 빼앗고 있다. 이러한 현상을 완화하기 위하여 베트남 정부는 농촌 개혁을 위한 신농촌운동을 전개하고 있다. 농업 부문의 개혁은 1986년 베트남 정부가 도이모이 정책을 펼칠 때 우선순위였다.

부반닌(Vu Van Ninh) 부총리는 베트남 농업의 부흥운동이 시작된 지 불과 30년 만에 놀라운 발전을 이루었다고 말한다. 이어 "주민들의 생활 수준을 향상하고 빈곤율을 크게 낮추는 것이 가능하여졌다"고 덧붙였다.

신농촌운동으로 큰 성과를 내고 있는 지역 중 중부 고원 지역의

〈베트남 중부 고원에 위치한 닥락성〉

닥락성은 대표적인 성공 사례로 주목을 받고 있다. 특히 쿰가지역의 에아툴 마을공동체는 전면적인 개편으로 농촌 활성화에 성공하였다. 이 지자체는 커피 재배로 경제성장을 이루어 눈길을 끌고 있다. 집집마다 앞마당은 햇볕에 말리고 있는 커피콩으로 뒤덮여 있다.

60세의 한 커피 생산자는 "저희는 7헥타르의 커피나무와 20헥타르의 고무나무를 가지고 있어요. 매달 300만 동(약 17만 원)을 받는 현지 노동자 20명 정도를 고용하여야 합니다. 이번 수확으로 1억 동(약 572만 원)이 넘는 수입을 올릴 수 있게 되었어요. 곧 밭에 갈 차를 살 수 있을 것 같습니다."라고 말한다.

이곳에서 신농촌운동이 성공할 수 있었던 주요 비결은 주민들의 공동체 정신이다. 2014년, 이 지역의 포르, 투, 트리아, 탁하 마을의 22개 가구는 새로운 도로 건설을 위하여 5,000㎡의 땅을 기부하였다. 이 기부로 수백 미터의 벽과 수백 그루의 커피나무와 과일나무가 철거되어 17㎞가 넘는 새 도로가 완공될 수 있었다.

또한 이 지역의 신농촌건설위원회는 주민들의 협조를 얻어 9.5km의 하수도를 파고 고무와 커피 운송에 도움이 되는 도로 건설을 위하여 1,235일이나 일했다. 이 마을공동체의 인민위원회 부위원장인 Y Duc에 따르면, 2014년 닥락지방인민위원회의 투자 및 생산 지원 프로그램 시행으로 신농촌건설프로그램조정사무소는 농작물, 가축 및 양식 분야에서 마을에 8개의 효과적인 생산 모델을 구축할 수 있었다.

공동체 의식이 빠르게 자리잡아 생활환경 개선에 적극적인 쿠쿠인 지역의 에아 띠에우(Ea Tiêu) 마을은 많은 가정의 과감한 기부로 도로를 넓히고 관개시설 현대화에 필요한 수백㎡의 땅을 확보할 수 있었다. 또한 마을 주민들은 기금을 모으고 공동 활동 공간인 커뮤니티 하우스를 수리하기 위하여 며칠 동안 개인적인 일을 미루기도 하였다.

현재까지 이 마을에는 300여 가구, 약 2,000명의 에데족이 살고 있으며, 이들은 주로 커피, 후추, 과일 재배로 수익을 올리고 있다. 자립을 목표로 정한 이 마을의 주민 1인당 연평균 소득은 약 3,400만 동(약 198만 원)에 달하고 있다. 이 마을의 수장인 이쿠 아우욜은 "우리 마을이 이렇게까지 발전할 수 있었던 것은 주민들이 놀라운 연대를 보여줬기 때문입니다. 하지만 국가와 지방 당국의 지원 정책도 한몫했습니다"라고 말하며 환하게 웃는다.

이 마을은 주민들 간의 연대 강화를 목표로 하는 방대한 인식 제고 캠페인을 벌여왔다. 마을 당위원회 비서인 Y Nguôl Êban

은 "우리는 주민들이 법의 장점을 더 잘 인식하도록 여기저기 숨어있는 파괴적인 요소에 의하여조종되지 않도록 하여야 합니다. 사회 질서가 유지될 때 제반 환경은 경제 발전에 도움이 됩니다"라고 설명한다.

인구의 5분의 2가 소수민족 출신인 에아 띠에우 마을은 신농촌의 진정한 거울이라고 해도 과언이 아니다. 2022년까지 이 마을은 이미 새로운 농촌을 위한 19가지 기준 중 16가지를 충족하였다. 그러나 이들은 한 발 더 앞서 나가길 원하고 있다. 새로운 농촌이 있어야 한다면 그것은 새로운 '선진' 농촌이 될 것이라고 공동인민위원회 위원장 응웬반둥은 지적한다.

닥락성 크롱북(Krông Buk) 지역의 외딴 마을 쿠퐁은 국가로부터 '인민군의 영웅'이라는 칭호를 받았다. 이 마을에는 2,205가구에 10,300명의 주민이 살고 있다. 모두 에데족과 므농족이다. 전쟁 중에 쿠퐁 주민들은 전심으로 조국 수호 투쟁에 헌신하였다. 이러한 애국정신은 오늘날, 이들을 하나로 묶어주는 연대의 끈이 되어 빈곤에서 벗어나 현대 사회로 진입하기 위한 새로운 전투를 할 수 있게 해주고 있다.

쿠퐁에는 5,534헥타르의 커피나무, 약 70헥타르의 후추나무,

수백 헥타르의 고무나무, 수천 헥타르의 기타 식물이 있다. 농부들은 헥타르당 3.4톤의 커피와 헥타르당 3톤의 고추를 수확할 수 있는 첨단 기술을 활용하여 높은 수확량을 달성할 수 있었다. 그들의 생활 수준은 매우 향상되었다. 가구의 약 90%가 연 소득이 1억 동(약 582만 원) 이상이며, 20%는 5억 동(약 2,910만 원) 이상의 소득을 올리고 있다.

마을의 한 주민은 토지, 우대 대출, 커피와 후추 재배 기술 등 국가 지원 덕분에 가족이 빈곤에서 벗어날 수 있었다고 말한다. 게다가 그의 가족은 이제 이 마을에서 가장 부유한 가족 중 하나가 되었다. 이 주민은 약 1헥타르의 고추나무와 4.5헥타르의 커피 농장을 보유하고 있으며 연간 5억 동의 매출을 올리고 있다.

이제 쿠퐁 코뮌의 모든 길은 포장되었고 모든 마을이 국가 전력망에 연결되었다. 새로운 분교를 설립한 학교 덕분에 대부분의 학령기 어린이들은 학교에 다니고 있다. 지역 인민위원회 위원장 응웬꽁반은 과거에 에아툴 주민들은 유목생활을 하였다고 말한다. 그러나 남부가 해방되고 통일이 된 후 당과 국가의 정착화 정책으로 그들의 생활 여건은 개선되었다.

닥락성 민족위원회 책임자 링 아드롱은 "오늘날 닥락성의 소수민족 지역은 당과 국가의 대대적인 투자로 혜택을 받고 있습니다. 빈곤 감소 정책과 프로젝트는 촌락과 마을의 모습을 바꾸어 놓았습니다. 그리고 민족 간 연대가 더욱 공고해졌습니다"라고 말한다.

닥락성은 수만 명의 주민 재정착에 투자하였을 뿐만 아니라 사회경제적 발전에도 수천억 동을 투자하였다. 특히 소수민족 빈곤층 7,740가구에 2,772ha의 생산용 토지를 제공하였으며, 5,530가구에 145ha의 주택 건설용 토지도 제공하였다.

또한 닥락성은 일자리 창출과 취업 기회 제공, 축산업 발전을 위한 소 제공 등 이들 가정을 돕기 위한 다양한 정책을 진행하였다. 소수민족 취약 가정을 위하여 약 28,760채의 주택을 건설하고 추가로 28,760채를 개보수하였다. 지방 기금을 사용하여 14개의 상수도 시설도 건설하였다.

2009년부터 닥락성은 '프로그램 135'(특히 어려움에 처한 공동체의 사회경제적 개발)에 따라 가장 도움이 필요한 공동체를 위하여 3,890억 동을 배정하였다. 농작물 및 축산 기술에 대한 많은 교육 과정도 조직되었다. 이러한 과정을 통해 외딴 지역 주민들은 생산과 경제 구조화에 첨단 기술을 적용할 수 있는 도구를 얻었다.

오늘날 닥락성의 모든 마을에는 적어도 하나의 도로와 진료소가 있으며 국가 전력망에 연결되어 있다. 이러한 방향으로 계속 나아가기 위하여 닥락성은 당과 국가가 어려운 상황에 처한 지역의 기본 인프라 건설을 위하여 더 많은 우대 정책을 마련하도록 추진하고 있다.

주민들은 커뮤니티 하우스를 짓고 인프라를 현대화하기 위하

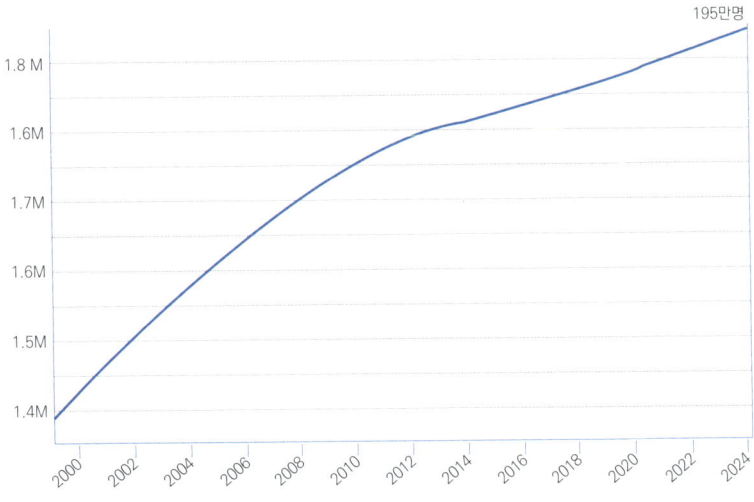

〈닥락성의 인구 변화 추이〉

출처 : https://fr.vietnamplus.vn/dak-lak-une-nouvelle-vitrine-de-la-nouvelle-ruralite-post196524.vnp
https://worldpopulationreview.com/cities/vietnam/dak-lak

여 함께 모였다. 2023년에는 가능한 한 빨리 새로운 선진 농촌의 기준에 도달하는 것을 목표로 구체적인 사회경제적 개발 계획을 수립하였다. 닥락성에서는 공동체 의식이 다른 어떠한 고려 사항보다 우선시되며, 이를 통해 주민들은 발전을 위한 힘을 모으고 있다.

그 결과 1999년에는 약 139만 명이던 닥락성 인구가 2024년에는 195만 명으로 증가하였다.

대중조직으로 신농촌 건설

　베트남 북서부에 위치한 디엔 비엔 푸(Diên Biên Phu)는 가파르고 험준한 언덕과 산이 많은 복잡한 지형을 가지고 있다. 디엔 비엔 푸는 인도차이나 전쟁 때의 전투지로 잘 알려져 있다. 소수민족이 거주하는 이곳 주민들의 생활은 여전히 어렵지만 신농촌 건설 프로그램이 시행되면서 획기적인 발전을 보이고 있다.

　디엔 비엔 푸는 라오스와 중국, 두 나라와 국경을 공유하는 유일한 성으로, 몽족이 19%, 태국족이 38.12%, 킨족이 35.69%를 차지하고 있다. 각 민족은 언어, 관습, 문화 측면에서 고유한 특징을 지니고 디엔 비엔 푸의 문화를 다채롭게 그려내고 있다.

신농촌 건설에 대한 프로그램을 실행하기 위하여 디엔 비엔 푸는 2021-2025년에 농업 생산 구조 조정과 연계하여 새로운 농촌을 구축하고, 모든 수준에서 협회의 적극적인 참여를 이끌어내려고 농민들에게 적극적인 홍보를 하여 왔다.

'국가와 국민은 함께 일한다'를 모토로 생활과 경제 발전을 위한 기반시설 구축에 적극적이고 자발적인 참여와 기여를 독려하기 위한 것이다. 그 결과 지난 5년간 각계각층의 협회가 사람들을 동원하여 운하를 준설하고, 주민 단체와 마을회관 건설에 3,000

만 동 이상을 기부하였다. 더구나 모든 수준의 협회들은 회원들과 농부들을 독려하여 2백만 개의 정원 땅, 도로를 만들기 위한 산장을 기부하게 하였다.

신농촌 건설 프로그램이 처음 시행된 2011년 디엔 비엔 푸의 빈곤율은 5.5%보다도 높고, 1인당 평균 소득은 3,000만 동(약 174만 6천 원)에 불과하였다. 농촌 지역의 사회경제적 인프라는 매우 취약하고 균일성이 부족하며, 대부분의 마을은 중앙에서 멀리 떨어진 고지대, 외딴 지역에 위치하고 있었다. 또한 정보 및 선전 시스템은 여전히 제한적이며, 국경 지역으로 자유롭게 이동하는 사람들의 상황은 복잡하여 항상 불안과 무질서를 유발할 잠재적 위험을 안고 있었다.

그러나 중앙당국의 강력한 리더십은 지방당국의 참여와 주민들의 공감대를 끌어내 신농촌 건설 프로그램을 시작함으로써 큰 발전을 이루었다. 이 지역에서 신농촌 건설은 역동적이고 광범위한 운동이 되었고, 농촌은 종합적인 발전을 향해 필수 인프라에 특별 투자를 하고 있다. 정치 안보, 사회 질서 및 안전은 안정되고 의료, 교육, 문화 및 국민의 물질적, 정신적 삶은 점차 개선되고, 풀뿌리 민주주의가 촉진되고 있다.

신농촌 마을과 촌락의 목표를 구현하기 위하여 지방의회를 안내, 지도 및 지원하는 구체적인 계획을 발표한 지역의 경우, 마을 도로와 차선을 청소하고 꽃을 심고 밝고 푸르고 깨끗하고 아름다운 도로를 건설하기 위한 캠페인을 적극적으로 조직하여 '모든 사람이 단결하여 새로운 농촌과 문명화된 마을 건설'에 주력하고 있다.

디엔 비엔 푸의 신농촌 건설의 특징은 대중조직(농민회, 여성회, 청년회, 재향군인회 등)을 통하여 마을과 촌락의 주민들을 동원하고 그들에게 정보를 직접 전파한다. 신농촌 건설의 모델, 선진 사례, 이니셔티브 및 좋은 경험을 정기적으로 업데이트하고 대중 매체를 통한 보급에 힘쓰고 있다. 농업 산업 구조 조정 프로젝트와 '하나의 공동체, 하나의 제품' 프로그램을 효과적으로 구현한다.

디엔 비엔 푸는 많은 회원과 농민들이 적극적이고 효과적으로 참여한 농촌 환경 보호를 확산하고 실천하기 위한 계획도 세웠다. 각급 협회들은 430명의 회원이 참여하는 신농촌 건설에 관한 4개의 교육 과정을 조직하기 위하여 협력하였다. 2개 과정 '환경보호법 확산에 있어 지식과 기술 향상'과 270명의 참가자가 참여한 안전한 농산물 생산에 대한 지식, 16개의 교통 법규 교육 및 205개의 헬멧 제공과, 그리고 시는 지난 몇 년 동안 7개의 환경 보호에 참여하는 농업인 모델을 준비하였다.

"모든 국민이 문화적 삶을 건설하기 위하여 함께 힘을 합친다"는 운동에 대응하여 농민연합은 회원들과 농민들이 문화적 농민의 직함을 위하여 등록하는 것을 확산하고 동원하는 데 주력하였다. 매년 등록 농가의 95%가 문화 가족으로 인정된다. 또한, 주민들은 서로를 배려하고 아끼는 정신으로, 협회는 공동체의 가난한 회원들을 돕기 위하여 총 4,470만 동의 자선 주택 건설을 지원하고 있다.

디엔 비엔 푸에는 현재까지 탄민(Thanh Minh), 무옹팡(Muong Pang), 나한(Nanhan), 나 타우(Na Tau)를 포함한 신농촌 기준에 부합하는 5분의 4의 자치구가 있다. 농민연합은 신농촌 지자체의 강화된 기준을 충족시키기 위하여 할당된 통합 자본 자원으로 신농촌 지역을 건설하기 위하여 지방자치체를 지속적으로 동원하고 있다. 동시에 협회는 새로운 농촌 지역에 아직 도달하지 못한 유일한 자치구인 파코앙 시를 돕기 위하여 전문 부서, 기관 및 시 조직과 협력하고 있다.

디엔 비엔 푸는 모든 수준, 특히 지방자치단체의 농민협회는 예술팀, 배구팀을 유지하고 발전시키고 있다. 지방과 도시가 주관하는 토너먼트에 참가하고, 법률 지식, 농부의 지식을 습득하기 위하여 대회를 개최하고, 기관 간, 그리고 인근 지방자치단체와 문화 교류 축제를 개최한다. 나아가 모든 수준의 협회는 안정적인 출산율을 유지하기 위하여 농부들을 독려하고, 아이들을 보호하며 치료하고 교육하며, 아이들에게도 법질서를 교육하고, 사회적 고통을 겪지 않도록 가족과 아이들에 관한 프로그램에 적극적으로 참여시키고 있다.

2025년까지 신농촌 프로그램을 성공적으로 이행하기 위하여 디엔 비엔 푸 인민위원회의 부아방 부위원장은 다음과 같이 말한다. "디엔 비엔 푸는 신농촌 지역 건설을 핵심적이고 포괄적인 과제로 간주하고 있어요. 이는 궁극적으로 농업, 농민, 농촌 지역 및 사회 경제 발전에 기여하게 될 것입니다."

디엔 비엔 푸는 정부, 부처 및 중앙 지부의 지속적인 지원으로 지역의 공동체, 마을 및 촌락의 인프라 시스템 현대화, 개발 및 개선에 집중적인 노력을 하고 있다.

지방소멸, 세계를 가다

타이완

이민 수용으로 인구절벽 돌파

타이완은 역동적이고 번영하는 섬으로 약 2,400만 명의 인구가 살고 있다. 인구는 수십 년간 꾸준히 증가하다가 최근 들어 둔화되기 시작하였다. 타이완 국가발전위원회(NDC)의 최근 예측에 따르면 2070년에는 인구가 1,500만 명 이하로 감소될 전망이다.

현재 타이완의 출산율은 여성 한 명당 약 1.13명이다. 이는 1950년 여성 1인당 출산율 7명에 비하면 크게 감소한 수치이다. 또한 인구가 빠르게 고령화되면서 노동 인구도 감소하고 있다. 65세 이상 인구는 248만 명이나 증가하여 2025년에는 인구의 20%를 차지할 전망이다. 인구 고령화와 저출산 문제는 타이완의 미래를 암울하게 하고 있다.

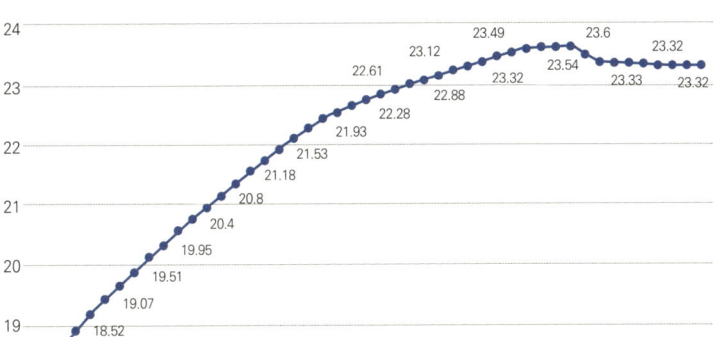
〈타이완의 총 인구 변화와 예측치〉

게다가 타이완의 인구 분포는 지역에 따라 큰 편차를 보인다. 인구의 약 70%가 서부 평야와 해안 도시에 거주하고 있으며 중부와 동부 산악 지역은 인구가 희박하다. 타이완인의 대다수는 도시 지역, 특히 수도 타이베이와 그 주변부에 살고 있다. 이곳에 거주하는 인구는 700만 명으로 타이완 인구의 약 30%를 차지한다.

기륭, 타오위안, 신주 역시 인구밀도가 높으며 이들 도시는 경제 중심지이다. 이 역동적인 도시 지역으로 취업과 교육의 기회를 찾아 남쪽의 많은 젊은이가 모여들고 있다. 서부 평야와 해안에서 중부 및 동부 산악 지역으로 갈수록 인구밀도는 낮아진다.

이러한 인구 문제에 대응하기 위하여 타이완 정부는 이민 수용을 적극적으로 검토하고 있다. 더 많은 자격을 갖춘 외국인 근로자를 유치하고 영주권을 더 쉽게 부여하는 방안을 고려하고 있다. 이러한 정책은 인구에 활력을 불어넣고 특히 기술 분야의 인력을 채우는 데 도움이 될 것으로 전망된다.

타이완에서 일하는 외국인 근로자는 인도네시아, 베트남, 필리핀, 태국 등 4개 국가 출신이 대부분이다. 그러나 인도 북동부 출신의 근로자 수용을 염두에 두고 2018년 차이잉원 정권은 인도와 무역 협정을 체결하였다.

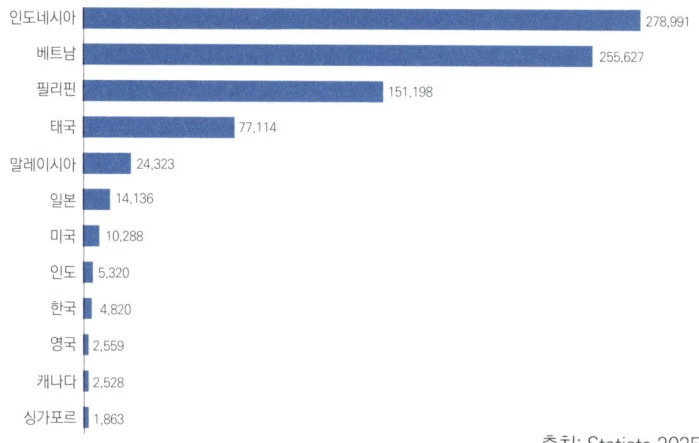

〈타이완의 외국인 이주자 수〉

출처: Statista 2025

그리고 타이완은 2021년 약 11,173명의 홍콩인 이주를 허용하였다. 이는 전년 대비 3.3% 증가한 수치로, 2020년에는 10,800명의 홍콩인이 타이완으로 이주하여 이 중에서 6,150명이 거주 허가를 받았다. 타이완 정부는 망명 중인 홍콩인들이 현지에서 일자리를 찾을 수 있도록 거주 허가를 1년 연장하여 그들의 삶을 편하게 만들려고 한다. 이러한 조치는 홍콩 출신 학생에게도 적용되며, 타이완 학위를 취득하면 영주권 취득이 더 쉬워지도록 하고 있다.

이민자 수용을 위하여 타이완은 이주노동자 할당량을 크게 늘리는 것을 고려 중이다. 예를 들어, 해산물 가공, 두부 생산, 조선 부문의 기업은 앞으로 전체 인력의 15%에서 최대 20%까지 늘릴 예정이다. 국영 건설사도 일정 기준을 충족하면 최대 30%까지 이주노동자를 고용할 수 있다. 기존에 이주노동자를 고용할 수 없었던 민간 건설업체의 경우 최대 8,000명까지 이주노동자를 고용할 수 있으며 필요에 따라 15,000명까지 늘릴 수도 있다.

농업 부문도 이전 기준보다 크게 늘어나 최대 12,000명의 이주노동자를 고용할 수 있다. 다만, 10인 이상의 회사에서는 이주노동자를 35%만 고용할 수 있고, 10인 이하의 회사에서는 이주노동자와 내국인 근로자 비율을 1:1로 적용할 수 있다. 이러한 변화는 주로 영세 농업의 노동력 부족에 대한 우려 때문이다.

할당량 변경 외에도 타이완은 다양한 분야에서 이주노동자 고용에 대한 규정을 완화하고 있다. 따라서 개인 서비스업의 외국인 근로자 채용에 관한 지침도 곧 완화될 예정이다. 실제로 바델(Barthel) 지수(보행상 기능장애 평가)를 기반으로 한 의학적 평가의 필요성은 더 이상 채용의 조건이 되지 않는다. 직업 간 긴장 상황에 직면한 타이완은 이주노동자 할당량에 대한 전략적 재검토를 선택하고 있는데, 이는 한국도 참고해 볼만 한 일이다.

타이완

마을 살리기에 앞장선 노인들

타이완의 인구는 급속도로 고령화되고 있다. 출산율은 1984년 이후 세대교체의 문턱을 밑돌고 있다. 청년들이 도회지로 떠나면서 농촌 마을은 노인들만 덩그러니 남았다. 이러한 추세를 뒤집으려고 노인들이 나서서 집에 다양한 색상의 프레스코화를 그려 마을을 활기차게 하고 있다.

그중 가장 화제가 되고 있는 곳의 두 인물을 소개하고자 한다. 타이완 중부 산맥의 안개 자욱한 산기슭에 자리한 롼챠오(Ruan Chiao) 마을의 우(Wu Tsun-shien) 할아버지는 붓을 베이지색 유제에 담그고 전통 대나무 모자를 쓴 농민들의 생동감 넘치는 그림에 새로운 물감을 칠한다. 그 뒤에는 노인 한 명이 지팡이에 기대어

형형색색의 프레스코화로 장식된 중심가를 따라 고통스럽게 걸어가고 있다. 예술가 우씨는 "이 마을에는 노인들이 가득해요"라고 한탄한다. 자신의 자녀를 포함한 대부분의 젊은이가 도시로 떠난 상태이다.

전직 교도관이자 정원사였던 우씨는 2007년부터 자신의 즐거움을 위하여 그림을 그려왔다. 그의 벽화는 입소문을 타고 빠르게 번져 셀카봉을 든 젊은 방문객을 불러들였다. "이 그림들이 많은 관광객을 끌어들여 노인들은 더 이상 지루해하지 않는군요. 이것이 나의 가장 큰 성취입니다"라며 우씨는 기뻐한다.

롼챠오는 오랫동안 제조업 활동이 이루어진 곳이다. 마을 사람들은 집에서 바비인형 옷을 꿰매어 마을 한가운데에 있는 포장 공장으로 가져갔다. 롼챠오에서는 전통적으로 사원에서 태워지는 종이 제물이 만들어졌다. 그러나 이 사업은 1990년대에 중국으로 이전되어 일자리가 없어졌다.

우씨의 두 자녀는 대학을 졸업하고 한 명은 호주로, 다른 한 명은 인근 도시로 떠났다. 그의 아내 판 아이슈(Fan Ai-hsiu)는 젊은 관광객을 롼챠오로 끌어들이려는 것은 경제적 이익보다는 마을에 활기를 불어넣고자 하는 열망에서 비롯된 것이라고 강조한다. "우리는 사람들과 대화하고 싶습니다. 돈에 관한 것이 아닙니다."

처음에는 마을 주민들에게 건물 정면을 캔버스로 바꾸도록 설득하는 것이 쉽지 않았다. 우 할아버지가 선호하는 주제는 시골 풍경과 전통적인 행운의 상징들이다. 그러나 그가 실제로 그림을 그린 곳은 조상의 집이며 그의 프레스코화 사진은 소셜 네트워크에서 인기를 끌고 있다. 마을이 내려다보이는 곳에 자리 잡은 집 전체는 예술가의 정치적 견해를 보여주는 그림들로 가득 차 있다.

우씨는 세계가 기후 변화에 충분한 조치를 취하지 않고 있다고 확신한다. 그의 그림은 환경의 종말론적 파괴를 묘사한다. 그리고 그가 반대하는 동성혼과 소비주의 사회의 노인들에 대한 대우를 묘사하고 있다. "이 프레스코화는 현재 타이완의 부패한 사회를 묘사하고 있습니다"라고 그는 수백 명의 인물이 그려진 거대한 벽 앞에서 말한다. "이것은 휴대폰, 컴퓨터, 텔레비전으로 인한 혼란을 보여줍니다.... 젊은 '하카' 세대는 그들의 문화를 모르기 때문에 이것은 우리 문화의 상실입니다."

원래 중국 남부 출신인 하카족은 4세기 넘게 타이완에 거주하여 왔으며 전체 인구의 15~20%를 차지한다. 타이완에서 예술과 미식 행사를 조직하는 25세의 에블린 선(Evelyn Sun)은 소셜 미디어에서 우씨의 작품을 발견하였다. 그녀는 친구들과 함께 마을에 가서 전통 하카 야채 요리와 허브로 요리한 완숙 계란을 곁들인 식사를 우씨 가족과 나누었다.

그리고 그녀는 란챠오 마을과 우 할아버지의 그림 세계를 소셜 미디어에 홍보하였다. "이 사람들은 우리의 문화이고 역사입니다. 우리는 그들을 알아야 합니다"라고 말하며 타이완 젊은이들이 롼챠오에 더 자주 방문하기를 바라고 있다.

또 다른 인물은 무지개 마을(彩虹眷村)의 황 융푸(Huang Yung Fu) 할아버지이다. 타이완 타이중 난툰구에 있는 이 예술 마을은 1924년 광둥성 타이산현에서 태어난 전직 군인 황 융푸의 작업으로 이루어졌다.

14년 전 당시 84세였던 황씨가 살던 타이중 근처의 차이훙주안(Caihongjuan) 마을은 일반 대중에게는 거의 알려지지 않았다. 마을은 완전히 폐허화될 가능성이 높았다. 그러나 이 작은 마을은 오늘날 관광 명소가 되어 연중 100만 명의 관광객을 끌어들이고 있다.

황씨는 1949년 공산주의 국가가 된 조국 중국을 떠나 포모사

〈차이훙주안의 무지개 마을〉

(타이완의 다른 이름) 섬에 도착하였다. 그는 수용소나 다름없는 차이훙주안에 마음을 붙이고 자신의 마을로 가꿔 나갔다.

2008년, 이 마을의 마지막 주민인 황씨에게 부동산 개발업자들이 접근해 왔고, 그들은 더 현대적인 건물을 짓기 위하여 오래된 구조물을 모두 파괴할 계획을 세웠다. 황씨는 돈보다 마을을 지키는 쪽을 택하기로 하였다.

많은 주택이 황폐화되고 개발업체는 재개발을 위하여 이 주택들을 매수하기 시작하였다. 주민들은 두둑한 보상금이나 이사할 새 주택을 제공받고 떠났지만 황씨는 홀로 남았고 마을의 가옥은 1,200채 중 11채만 남게 되었다. 마을에 남은 황씨는 지루한 일상을 달래기 위하여 집 안에 새를 그리기 시작하면서 그의 예술 작품이 탄생하기 시작하였다.

그는 모든 벽, 모든 집, 모든 길, 모든 작은 구석구석을 색칠하기로 결심하였다. 여기는 작은 새, 저기는 작은 고양이로 시작하여 곧 마을 구석구석이 칠해졌다. 수년에 걸쳐 새, 동물, 사람을 포함한 그의 다채로운 예술 작품은 마을에 남은 나머지 주택으로 옮겨졌다. 매우 다채롭고 청순한 스타일로 알록달록 칠해진 이곳은 무지개 마을로 알려지게 되었다. 그의 행동은 인내심, 의지, 창의성으로 인간이 놀라운 일을 해낼 수 있다는 것을 보여줬다.

마을의 미래를 바꾼 것은 2010년 어떤 학생이 이 마을을 발견한 것에서 비롯되었다. 그는 황 노인의 프로젝트를 위한 모금 캠페인을 벌여 할아버지를 돕기로 결심하고 청원을 통해 이 그림 마을을 지원하였다. 이곳의 매력에 푹 빠진 대학생들과 교사들은 타이중 정부에 이 마을을 문화유산으로 지정할 것을 요청하였다. 당국은 결국 이 마을을 보존하여 문화 구역으로 지정하기로 하였다. 이제 이곳은 인기 있는 관광 명소로 변하여 인근 예술의 거리는 매년 100만 명 이상의 방문객을 끌어모으고 있다. 철거 예정이었던 곳이 이제는 인스타그램의 명소로 자리잡았다.

 하늘은 스스로 돕는 자를 돕는다는 말이 새삼 떠오른다. 노인들만 남아 쇠약해져 가는 시골 마을. 누군가 나타나 마을을 살려 주기를 염원하기보다 노인들 스스로 나서서 자기 마을을 지키려는 노력 앞에 가슴이 뭉클해진다. 노인들의 몸부림에 대학생과 교사들이 자원하여 지원병으로 나서고 결국 당국은 이들의 청원에 마을을 문화유산으로 지정할 수밖에 없는 사실을 보면서 작은 실천이 세상을 바꿔 나간다는 것을 새삼 깨닫게 된다. 마을의 소멸을 숙명으로 여기고 기정사실화하기 보다 우리 모두 나서서 행동을 하면 상황은 얼마든지 개선된다.

책을 나가며

농촌과 도시, 대립 아닌 보완관계

'지방소멸', 이 논제는 대부분 국가의 공통적인 주제일까? 인구가 감소한다고 지방이 소멸하는 것일까? 다른 나라에서도 지방소멸이란 용어가 상용되고 있는 것일까? 다른 나라의 지방 축소 문제는 우리와 어떤 차이가 있을까? 솟아오르는 궁금증들을 풀어보기 위하여 유럽 및 북아메리카, 그리고 아시아에 있는 11개 국가의 사례를 찾아서 살펴보았다. 그 결과 우리와 유사한 나라도 있지만 그렇지 않은 나라가 더 많다는 사실을 발견할 수 있었다.

프랑스에서는 인구의 도시 유입과 함께 일찍이 지방의 '공백화'가 우려되기도 하였지만 1970년대부터 농촌 저밀도에 대한 경고와 부정적인 담론을 피해 왔다. 인구가 적은 지역을 '공백의 대각선'이라 부르던 통상적인 표현조차 금기시해 왔다. 이러한 노력 덕분인지 최근 20년간 도시 인구가 농촌으로 역이주해 들어감으로써 농촌 인구는 매년 0.7%씩 증가하고 있는 반면 도시는 0.5%의 증가율에 그치며 농촌 르네상스를 맞이하고 있다.

스위스는 적극적인 이민정책으로 인구 총량을 계속 증가시키고 있다. 다만 중산간 지역의 인구 감소와 노령화는 막지 못하고 있다. 따라서 감소 지역의 인구를 늘리기 위하여 파격적인 인센티브를 제공하며 인구 유인 정책을 펼치고 있다. 이는 포르투갈, 이탈리아, 아일랜드, 미국, 캐나다, 타이완에서도 마찬가지다. 이 나라들은 파격적인 주택 정책이나 정착 지원금으로 젊은이들을 유인하고 기업을 유치하여 일자리를 창출함으로써 인구를 증가시키는 선순환 구조를 만들고 있다. 또한 자기 지역의 가치 발견과 농촌 복원을 위한 프로그램을 개발하고 탈중앙화를 위한 원격 근무지 조성에도 박차를 가하고 있다.

스페인은 이들 국가와는 다르게 한국이나 일본과 유사한 양상을 보인다. 이 나라의 농촌 인구는 제2차 세계대전을 기점으로 마드리드, 바르셀로나 등 대도시와 바스크 지방과 말라가 같은 지역으로 대량 이주해 갔다. 따라서 아라곤 등 농촌 지방은 극심한 인구 감소로 '에스파냐 바키아(텅 빈 스페인)'에 직면하여 있다. 이런 심각한 상황을 극복하기 위하여 스페인의 시민단체들은 지역정당을 만들어 조직적으로 대항하며 정치권에 응답을 촉구하고 있다.

'지방소멸'이란 파격적 단어를 사용하기 시작한 일본은 이제 '소멸'이 아닌 '지방창생'의 시대를 열어가고 있다. '선택과 집중'이라는 구호 아래 세계적인 관광지와 원격 근무지 개발로 지방창생을 도모하고 있다. 이러한 관점에서 도입된 고향납세제도도 중요한 역할을 하고 있다.

베트남의 경우는 도시와 농촌의 균형 발전을 꾀하기 위하여 정부 차원에서 신농촌 운동을 전개하고 마을 주민들은 공동체 정신을 발휘하여 농촌 강화에 앞장서고 있다.

이처럼 산업화와 함께 도시화가 급속히 이루어진 나라들은 농촌의 사막화에 직면하여 여러 정책 마련에 부심하고 있는 것을 알 수 있다. 하지만 이 정책들만으로 도시와 농촌의 극심한 불균형을 극복하기는 충분하지 않아 보인다.

도시화의 가속화는 농촌과 우리의 관계를 변화시켰다. 지난 수

년 간 수도권과 지방의 관계는 부정적이었다. 수도권의 대도시화는 수년 동안 영토의 재편을 불러왔다. 인구의 상당수가 대도시의 외곽에 거주하고 있으며 특히 농촌 지역은 이러한 변화를 감당하지 못하여 변방으로 밀려났다. 따라서 농촌 지역을 다시 중요한 생활공간으로 되살려 도시와 상호 보완적으로 발전시킬 수 있어야 한다.

농촌과 도시라는 단어는 종종 반대 개념으로 사용되지만 실제로는 보완적이고 상호 의존적인 요소로 기능한다. 우리는 도시와 농촌을 대립이 아닌 동맹관계로 전환하여야 한다. 농촌을 새로운 생산 방식과 지속가능한 소비를 촉진할 수 있는 기회로 만들어야 한다. 이미 서구에서는 대도시의 오염과 익명성을 피해 농촌 지역으로 들어온 사람들로 다시 채워지고 있다. 여기저기서 젊은 신농민들이 농생태학에 전념하고 있고 농촌 보존과 농촌 활성화는 국가적인 문제로 다뤄지고 있다.

개인의 행동에도 개혁이 이루어져야 할 것이다. 현재 우리의 문명과 생활 방식에는 도시 소비와 농촌 생산에 맞서 싸워야 할 수많은 중독이 있다. 윤리적 개혁 없이는 도시와 농촌의 개혁, 사회와 경제의 개혁, 정치와 교육의 개혁이 이루어질 수 없다. 우리의 사고 개혁과 교육 개혁이 중요하다는 것을 깨달아야 한다. 이러한 근본적인 개혁이 어우러질 때 '지방소멸'의 문제는 해결의 문이 열리게 될 것이다.

지방소멸, 세계를 가다

발행일 : 2025년 4월 25일

지은이 : 최인숙

펴낸이 : 김태문

펴낸곳 : 도서출판 다락방

주 소 : 서울시 서대문구 북아현로 16길 7 세방그랜빌 2층

전 화 : 02) 312-2029

팩 스 : 02) 393-8399

홈페이지 : www.darakbang.co.kr

값 20,000원

ISBN 978-89-7858-118-9   03350

* 이 책의 일부 혹은 전체 사진과 내용을 저자와 〈도서출판 다락방〉의 허락 없이 복사·전재 하는 것은 저작권법에 저촉됩니다.

* 파본 및 낙장본은 교환하여 드립니다.